KB023430

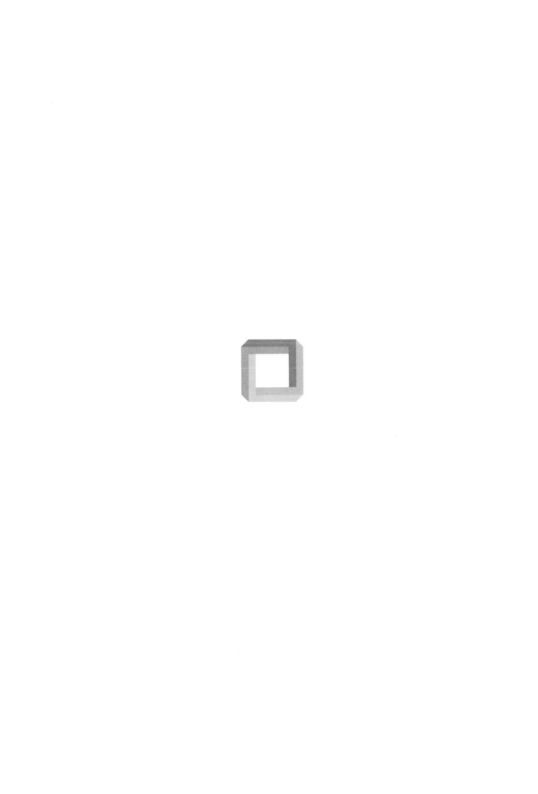

다시, 공부

EBS 다큐프라임 제작진 지음

다시, 학교

EBS BOOKS

일러두기

이 책은 EBS 다큐프라임의 〈교육대기획-다시, 학교〉 10부작을 바탕으로 한 도서입니다.
본 프로그램의 제작 과정에 도움을 주신 분들에게 다시 한번 진심으로 감사드립니다.

학교에서는 도대체 무슨 일이 벌어지고 있는가

— 누가 학교에서 공부해요. 학원에서 하지. 학교는 친구들 만나고 사회생활하려고 다니는 거예요.

어느 고등학생

— 내가 왜 학생들을 가르치고 있는지 모르겠어요. 학교가 도움이 안 된다고 생각하면 차라리 학교에 안 왔으면 좋겠다는 생각마저 듭니다.

어느 교사

2018년 가을, 교육대기획 제작을 위한 특별팀이 꾸려졌다. 다양한 연령대의 제작진이 모였다. 입시에서 시작해 학교생활, 자녀교육까지 이야기가 이어지다 보면 대개 결말은 한숨으로 마무리되곤 했다. 한국 사회에서 교육은 흔히 '해결책이 없다'는 말로 정리되곤 한다. 하지만 그렇게 자조하는 순간에도 전국 수백만 명의 학생들이 학교에 가고 공부를 하고, 그곳에서 성장하고 있다.

기획 초기 몇 개월 동안 우리나라의 교육과정, 교육철학, 입시제도, 공부법 등 다양한 방면의 연구를 훑었다. 미국, 영국, 호주, 프랑스, 핀란드, 독일, 이스라엘 등 소위 교육 선진국이라고 불리는 국가들의 현재와 고민이 무엇인지에 대해서도 공부했다. 실로 방대한 자료들이었다. 도대체 지금 우리의 교육은 어떤 상황이며, 무슨 문제가 있는 걸까?

이 질문에 대한 답을 찾기 위해 몇 가지 원칙을 정했다. 첫째, 현재 현실에 바탕을 둔 이야기를 한다. 둘째, 진실이라 생각했던 믿음에도 의문을 던져본다. 셋째, 과학적이고 객관적인 근거를 갖고 논증한다. 초·중·고등학교의 공교육 시스템을 다루되, 경험이나 신념보다는 팩트 자체를 보려고 했다. 때문에 '선입견'을 배제하고 학습과학, 인지심리학 등 과학적인 방법론으로 명확한 근거를 가지고 접근하고 실험을 통해 밝혀보고자 했다.

:   공교육의 엄청난 변화를 알고 있는가

시작은 역시 데이터였다. 2012년 이후 한국 교육은 기초학력 미달이라는 새로운 과제를 받았다. 사회 양극화가 학교에도 고스란히 반영되고 있다. OECD 국제학업성취도평가인 PISA의 2018년 결과를 보면 읽기의 경우 1수준 이하 비율이 15%, 2수준까지의 비율이 35%로, 지속적으로 증가하고 있다. 즉 한 반에서 3분의 1에 해당하는 학생들이 혼자서 교과서를 읽고 이해하지 못한다는 뜻이다. 기존에 우리 교육에 가지고 있던 선입견, '우리는 공부를 너무 많이 시킨다'라는 건 사실과 달랐다. 사교육을 제외한 공교육의 교육시간은 다른 나라보다 결코 많지 않았고, 기초학력은 생각보다 많이 떨어져 있었다.

현재 학교 교육은 2010년대 이후 큰 폭의 변화를 겪고 있다. 우선 중간·기말고사와 같은 지필고사의 비중이 줄고 과정을 평가하기 위한 수행평가가 그 자리를 차지하고 있다. '활동형 수업'이라는 형태의 수업이 많은 비중을 차지하게 되면서 소위 주입식이라 불리는 강의형 수업이 줄었다. 평가보다 과정이 중심이 되는 교육, 일방적인 교사의 강의가 아니라 토론과 질문, 발표가 주가 되는 수업을 한다. 그런데 이론적으로 완벽해 보이는 이런 방향에 교사, 학생, 학부모 모두 불만이 높았다.

책, 논문, 기사로 불만의 목소리를 처음 접했을 땐 좀처럼 이해가 되지 않았다. 강의형 수업방식은 고루하고 낡은 것이 아니었나? 활동형 수업을 통해 창의성과 협동심을 더욱 키울 수 있으니 좋은 거 아닌가? 그럼 다시 강의형 수업방식으로 돌아가자는 것인가? 자료와 조사만으로는 답이 나오지 않았고 답답해졌다. 끝없이 토론하고 논의를 해봐도 미래와 방향에 대해서는 쉽게 답을 찾기 어려웠다.

답답한 마음을 안고 학생과 교사들을 만나기 시작했다. 다양한 형태의 활동형 수업을 보고 수백 명의 교사, 학생, 학부모를 만났다. 그제야 현실과 현장의 고민을 알게 되었다. 이론과 현실은 확연히 달랐다.

일반적으로 사람들이 활동형 수업에 대해 긍정적으로 평가했던 이유는 자기 주도성을 높이고, 창의적으로 문제를 해결하며, 무엇보다 줄 세우기로 인해 학생들이 상처를 덜 받을 거란 점이었다. 하지만 활동형 수업은 격차를 줄이는 데 전혀 효과적이지 않았다. 오히려 하위권 학생들에게는 더욱 불리했다. 이건 아이들이 가장 먼저 알고 있었다.

— 활동형 수업을 하면 조모임을 하거든요. 조를 짜서 얘기하다 보면 성적 낮은 친구들도 뭔가 하고 싶은데 끼어들 수 없는 구조예요. 잘하는 친구들은 내가 다 해야 한다는 부담이 크다지만, 생각해보면 잘 못하는 친구들도 슬플 것 같아요.

기본적으로 활동형 수업은 기초 배경지식이 없으면 어떤 지식도 얻을 수 없다. 하위권 학생들을 위해서는 이를 보완하는 노력이 당연히 필요하다. 많은 교사에게 물었다. "이런 활동형 방식의 수업이 왜 더 좋은 거죠?" 이론적으로 특징을 잘 알고 있는 교사도 있었지만, 꽤 많은 교사가 이 질문을 받고 당황스러워했다.

— 대학에서 배울 때도, 그 이전에도 우리 사회는 강의식은 주입식이고 나쁘고, 활동형 수업이 좋다는 인식이 많았어요. 자연스럽게 활동형 수업이 좋은 거라 생각했던 것 같아요.

학생들이 체감하지 못하고, 교사들도 이해하지 못하는 변화가 과연 변화라고 할 수 있을까. 우리는 그 대안을 찾기 위해 더 현장 속으로 들어갈 수밖에 없었다. 이 책은 그 현장에 대한 탐구로 찾아낸 결과가 응축된 것이다. 바로 '배움'에 대한 재정의이다.

: '배움'은 어떻게 이뤄지는가

사람들은 태어나서 자신의 힘으로 자립하기 전까지 학교라는 공간에서 '교육'을 받는다. 초등학교부터 고등학교까지 아이들에게 주어진 대부분의 일은 '공부'다. 학교와 선생님은 아이들이 성장하는 동안 그 과정을 도와주고 가능하게 하는 공간이고 발판이다. 많은 사람들이 공부를 '성적'과 연결시키지만 사실 공부의 진짜 의미는 '배움'일 것이다. 실사내 아이가 공부에 관심이 없더라도 학교를 통해 배움의 방법과 그 의미를 깨닫기를 많은 부모들이 바라고 있다.

돌아보면 공부를 더 잘하게 하는 법, 시험을 잘 치게 하는 법에 대한 내용은 참 많다. 책도, 프로그램도, 인터넷 자료도 쉽게 찾을 수 있다.

하지만 정작 '배움'이라는 것이 어떻게 이루어지는지를 탐구한 내용은 드물다. 학생도, 학부모도, 교사도 정작 배움의 메커니즘이 어떻게 이뤄지는지, 교수법에 따라 아이들이 어떻게 다를 수 있는지를 잘 안다고 하기 어렵다.

인지과학에서 말하는 '공부'는 인출이다. 무언가를 '배운다는 것'은 저장과 인출의 지속적인 반복을 통해서 가능하다. 그런 관점에서 배움을 정의하면, 많은 사람들이 부정적으로 생각하는 '시험'이 곧 인출의 중요한 활동이자 배움으로 가는 지름길이 될 수도 있다.

시험이 정말 나쁜가? 아이들은 시험을 통해 성장한다. 시험점수가 몇 점이었느냐가 아니라, 내가 무엇을 알고, 무엇을 모르는지를 확인함으로써 아이들은 배우고 자라고 앞으로 나아갈 수 있다. 이는 한 중학교에서 반년간 실험한 결과로 얻은 통찰이다.

시험이 문제가 아니라 서열을 매김으로써 발생하는 차별이 문제인데, 이를 착각하고 있는 것이다. 등수를 매기는 것이 교육적이지 못하고 객관식 문제가 충분히 앎을 측정할 수 없다고 시험을 보지 않겠다는 것은 전혀 과학적이지 않고 교육적이지 않다. 아는지 모르는지조차 정확히 확인하지 않으면서 아이들이 안다고 생각하는 것은 오만이고 착각이다. 이를 충분히 확인하고 그에 대한 피드백을 적절히 제공하는 것이 훨씬 더 효과적이며 교육적인 자세이다. 부모와 교사가 시험의 효과를 정확하게 인지할 때 아이는 성장할 수 있고 더 자신감을 가질 수 있다. 공교육의 변화는 그런 수많은 착각 속에서 이루어지고 있었다.

다시, 공부 다시, 학교

이것이 〈다시, 학교〉의 제작진이 인지과학, 교육심리를 토대로 배움의 과정이 어떻게 이뤄지는지를 과학적으로 밝혀내고자 한 궁극적인 이유였다. 학교, 교사, 교수법, 심리, 공간 등 한 아이가 공부를 하는 동안 영향을 받는 전 과정의 것들을 전면적으로 분석하고 논증한 프로그램은 〈다시, 학교〉가 처음이다. 과정은 힘들었지만, 자부심은 크다.

: 왜 학교가 중요한가

〈다시, 학교〉 프로그램을 바탕으로 한 이 책은 모두 2부로 구성되어 있다. 영상에서는 자세히 설명할 수 없었던 내용도 충실히 보완해서 담았다. 1부는 아이들의 입장에서 어떻게 지식에 접근하고, 자신의 것으로 만들 수 있는지를 정리했다. 2부는 선생님과 학교가 고민해야 하는 구체적인 내용과 방향을 정리했다.

뭐니 해도 이 책의 가장 큰 장점은 바로 학교라는 현장에서 '배움'이라는 것이 어떻게 이루어지는지 생생하게 담겨 있다는 것이다. '우리 아이들이 정말 무슨 일을 겪고 있는 것일까?' 이에 대한 세대로 된 답을 찾아가는 과정이 담겨 있다. 이 책을 통해 아이들은 '배우는 사람'으로서의 자존감을 되찾을 것이고, 어떤 수업법이 더 좋은지 헷갈리는 부모와 선생님들은 '좋은 길라잡이'를 얻을 수 있으리라 생각한다.

늘 그렇지만, 제작에는 수많은 사람들의 도움이 있었기에 가능했다. 특히 소중한 시간을 내어준 수많은 학생, 학부모, 교사, 전문가 들에게 이 자리를 빌어 감사를 전한다. 그들이 바로 이 책을 만든 주인공들에 다름 아니다.

　　여전히 수많은 아이들이, 생각보다 더 많은 아이들이 학교에 의지하여 성장하고 있다. 양극화, 격차가 심해지는 지금, 공교육만이 전부인 아이들이 있다. 특히 코로나19로 인해 교육 격차와 기초학력 저하가 더 커질 것이라는 우려는 더욱 현실로 다가오고 있다.

　　우리는 왜 학교에 가는 걸까. 학교에서 배움은 어떻게 이루어지는 걸까. 학교는 아이들이 숨 쉬고, 성장하는 최소한의 교두보이다. 이곳에서 어떻게 배우고 성장하느냐가, 개인의 인생은 물론, 우리 사회의 미래 전체를 결정하지 않는가. 이 책을 출간하며 다시금 대한민국의 모든 학생과 교사들에게 응원을 보낸다.

〈다시, 학교〉 제작진 일동

차례

1부
공부에 대해 다시 생각하다

1 과연 아이들은 스스로 배울 수 있을까

│ 주입형 학습과 활동형 학습에 대한 진실

: 주입식 교육의 시대가 끝나다

어느 중학교 역사 시간. 모둠별 웹툰 그리기 활동으로 중국의 시대 변화를 공부하는 활동형 수업이 한창이다. 아이들은 한눈파는 일 없이 서로 소통하며 수업에 몰입한다. 이 수업을 진행하는 교사에 의하면 일방적으로 지식을 전달하기보다 학생들이 적극적으로 수업에 참여할 수 있도록 강의식 수업에서 학생 주도 수업으로 방식을 바꾸었다고 한다. 실제 학생들의 반응도 좋은 편이다.

— 원래는 역사를 안 좋아했는데 활동형 수업으로 하니까 재밌어요.

— 친구들끼리 얘기하면서 제 생각을 말하기도 하고 또 다른 애들 생각 중에 괜찮은 것도 발견하니까 좋아요.

요즘 아이들은 기성세대가 학교에서 공부할 때와는 확연히 다른 방식으로 배운다. 교과서에 있는 정보를 교사가 설명해주고, 그 정보를 달달 외우는 방식이 아니다. 교사가 일방적으로 지식을 전달하는 것이 아닌, 학생들의 흥미를 일으켜 수업에 적극적으로 참여할 수 있도록 유도하는 방식으로 바뀌어가고 있다. 그렇다면 이런 변화는 언제부터 시작된 것일까?

　　10여 년 전부터 교육계에서는 수업방식을 바꾸어야 한다는 요구가 계속 있었다. 교사의 일방적인 설명과 주입식 교육, 과도한 반복학습에서 벗어나 아이들의 체험과 활동으로 수업이 변화해야 한다는 목소리가 높았다. 이런 분위기 속에서 2015년 '인문·사회·과학에 관한 기초소양교육 강화' '학생의 꿈과 끼를 키우는 교육과정 마련' '미래사회가 요구하는 핵심역량 함양'을 주요 개정 방향으로 하는 새로운 교육과정이 등장했다.

　　새 교육과정에서는 많은 양의 지식을 가르치는 교육을 지양한다. 대신 '학생이 주도하는 활동형 교육'이 강조된다. 또한 학생들이 느끼는 학업 부담을 덜어주기 위해 배워야 할 교과내용과 수업시수도 줄었다. 이에 따라 2018년부터 국어, 영어, 수학 등 기초교과 영역의 비중이 전체 교과의 50% 이하로 제한되었고 전체 학습량도 5분의 1 정도로 줄었다. 그 결과 한국은 세계 주요국 평균보다 100시간 가까이 적게 배운다. 기초과목의 수업시수도 경제협력개발기구OECD 평균 이하가 되었다.

　　이와 같은 변화에 대해 교육계는 어떻게 생각하고 있을까. 교육계의 리더라고 할 수 있는 각 시도 교육감들이 2016년에서 2019년 사이에

발언한 내용을 살펴보자. 이를 보면 새로운 교육과정의 필요성에 대해 교육계에서 얼마나 지지하고 공감하고 있는지 확인할 수 있다.

— 지식의 양을 늘리는 것은 중요하지 않아요. 지능화된 기계가 대신 맡아줄 거니까요. 인공지능 시대에 과거의 낡은 교육은 더 이상 쓸모없고, 그것을 뛰어넘어야 합니다.

조희연, 서울시 교육감

— '지식의 시대'가 끝나고 '생각의 시대'가 왔어요. 많이 아는 것이 힘이 아니라 새로운 것을 상상해내는 능력이 힘입니다.

심석춘, 부산시 교육감

— 20세기 우등생은 정답 외우기 선수였습니다. 공부하는 기계였죠. 21세기 교육은 정답의 노예가 아니라 해답의 주인을 키워야 합니다. 협동력, 창의력, 비판적 사고력, 소통 능력과 같은 미래의 역량을 길러야 합니다.

김병우, 충청북도 교육감

— 국·영·수를 일정 수준으로 끌어올리는 것보다 아이들 각자가 잘할 수 있고 또 하고 싶은 분야를 더 잘할 수 있게 만들어주는 교육이 미래를 위한 거예요. 또 그 교육은 혼자 하는 것이 아니라 토론

식 수업, 참여 수업, 프로젝트 수업 등 함께하는 것이어야 합니다. 단편적 지식을 전달하는 것에서 종합적이고 융합적인 사고를 할 수 있는 교육으로 전환하지 않으면 미래를 만들어갈 수 없습니다.

이재정, 경기도 교육감

교육계 리더들의 지지 속에 학교 현장에서는 개별 교과마다 다양한 활동을 접목한 수업이 더욱 많아졌다. '학생들이 스스로 학습을 주도해나가는 것이 좋은 수업'이라는 믿음 또한 공고히 뿌리내려가고 있다. 2019년 교사, 학생, 학부모 3,000명을 대상으로 설문조사를 실시했다. 그 결과 '21세기는 새로운 교육을 요구한다'라는 항목에 80% 이상이 동의했다. '학생 주도 수업이 효과적이다'라는 항목에도 60% 이상의 높은 찬성률을 보였다.

학생 주도 수업을 하기 위해 가장 많이 노력하는 사람은 역시 일선 교사들이다. 교사들은 "지식 전달의 역할에서 벗어나 학생들의 사고력과 창의력을 키우는 조력자, 안내자의 역할을 해야 한다"라는 말을 각종 교사연수와 언론매체 등을 통해 끊임없이 듣고 있었다.

— 2016년 정도부터 교육청에서 연수를 할 때면 학생 주도 수업에 대한 이야기를 많이 했어요. 그러다 보니 강의형 수업을 하면 잘 못하는 거 같고 노력하지 않는 교사처럼 느껴졌어요.

장영진, 고등학교 교사

— 4차 산업혁명 이야기가 많이 나온 뒤 연수를 듣고 나면 아이들에게 교과서에 있는 지식을 전달하는 게 무의미한 일인가 해서 혼란스럽습니다.

박선향, 중학교 교사

— 활동형 수업이야말로 아이들이 '진짜 배우는' 수업이라고 하니까 불안하더라고요. 나는 교원평가도 잘 받고 아이들이 좋아하는 교사인데 시대에 뒤떨어지는 건가 하는 생각이 들었거든요.

윤수경, 중학교 교사

수업방식을 바꾸는 과정에서 혼란이 있었지만 이제 많은 교사들이 학생 주도 활동형 수업을 진행하고 있다. 하지만 활동형 수업에는 교육과정을 개정하면서 기대했던 장점만 존재하는 게 아니다.

앞서 살펴본 역사 시간의 웹툰 그리기 활동형 수업을 더 자세히 들여다보았다. 활동형 수업으로 학습 분위기는 좋아졌지만 학생들이 그린 웹툰에는 그날 배우는 중국 역사와는 전혀 상관없어 보이는 내용들이 수두룩했다. 활동형 수업으로 학생들의 흥미를 이끌어내고 수업 참여도를 높인 것은 성공적이었지만, 교사가 계획했던 수업목표까지 달성했다고 보기에는 미흡한 듯했다. 이 수업을 진행한 최푸름 교사는 활동형 수업을 어떻게 평가할까.

—　수업에서는 시대적인 변화상을 깨닫게 하는 것이 목적이었습니다. 모둠활동을 할 때도 이 지점이 중요하다고 계속 얘기했는데 그런 내용을 웹툰에 담은 애들은 별로 없었네요. 예전 교원평가에서 '색칠공부가 수업인가요?'라고 적은 학생이 있었어요. 저도 사실 회의감을 느낄 때가 많아요. 아이들이 그림을 그리며 즐겁게 수업한다고 해서 제가 원하는 역사교육의 목표를 10분의 1이라도 달성했을지 의문이 듭니다.

　　이뿐만이 아니다. 줄어든 수업시수에 활동형 수업까지 해야 하니 진도를 끝까지 나가지 못한다거나 활동형 수업이 모든 아이들에게 동등하게 도움이 되지는 않는다거나 하는 등 다른 문제들이 나타났다. 무엇보다 학생들이 알아야 할 지식 습득에 어려움이 생기지는 않을지 염려스러웠다.

　　—　활동은 많이 했는데 남는 지식이 없어서 아이들의 학력저하가 심해졌다는 얘기가 나오지 않을까 하는 게 가장 우려돼요.

최정원, 중학교 교사

　　—　수학 시간인데 한 모둠에서 어떤 학생은 문제를 풀고 또 다른 학생은 그림을 그리는 역할을 하면, 그림을 그린 학생은 수학 수업을 했다고 할 수 있을까요?

이지연, 중학교 교사

다시, 공부 다시, 학교

— 두세 명씩 짝을 지어서 영어 대화문을 작성하는 활동이었어요. 실력이 있는 아이들은 재미있어해요. 그런데 성적 하위권 아이들은 한글 대본 정도만 작성하고 영작실력이 안되니까 짝한테 얹혀서 갈 수밖에 없더라고요.

임수영, 고등학교 교사

— 한 국가의 건국과 멸망을 20분 내에 다 설명을 하니까 애들이 그래요. "맨날 나라가 세워지면 바로 망하네요. 또 멸망이에요?"라고요. 그런데 활동도 하고 진도도 나가야 하니까 어쩔 수가 없어요.

최푸름, 중학교 교사

— 50분 안에 활동형 수업과 시험평가를 위한 지식 전달 부분까지 다 하기에는 시간적인 한계가 너무 큽니다.

최은수, 고등학교 교사

활동형 수업에 부족한 점이 있다고 여기는 교사들은 나름의 강구책을 마련하고 있다. 김경범 교사도 그런 교사 중 한 명이다. 김경범 교사의 사회 수업시간. '모두의 마블' 게임을 이용해 수업을 진행한다. 2인 1조로 주사위를 굴려 도착한 곳의 문제를 풀고 더 많은 문제를 푸는 팀이 승리하는 게임이다. 문제는 쉽지 않다. 때문에 아이들은 교과서를 열심히 찾아보며 문제를 풀게 된다. 학생들이 풀어야 할 문제는 철저히 그날 배울 교과지식과 관련된 것들이다. 수업시간에 배워야 할 교과지식이나 기본개념을 놓치지 않게 하려고 만들어낸 방법이다.

아이들은 이 수업이 재밌다고 말했다. 김 교사의 수업방식은 활동형 수업이 한바탕 즐거운 활동만으로 끝나지 않기를 바라는 마음에서 재삼 숙고한 끝에 나온 것들이다. 아이들이 수업에서 흥미를 느끼는 것과 배워야 할 기본지식을 제대로 습득하는 건 다른 문제라고 생각했기 때문이다. 그래서 활동이 끝나면 배워야 할 내용을 다시 한 번 강의로 반드시 정리한다.

— 활동형 수업은 소외되는 학생들 없이 모든 학생들이 다 참여할 수 있다는 것이 장점입니다. 하지만 여전히 설명이 필요한 아이들이 있습니다. 지식적인 부분을 제대로 전달하기 위해서는 강의형 수업이 필요하다고 생각해요.

평소 활동형 수업을 많이 하고 있다는 김재군 교사 역시, 교사가 제대로 가르쳐주지 않으면 아이들이 누구에게 배울 수 있을까 하는 고민이 컸다. 그는 수업이 없을 때면 동영상 강의를 만든다. 이를 통해 아이들이 꼭 배워야만 하는 교과지식을 설명하고 있다.

— 사실 활동형 수업이라는 게 내신이나 지필고사에는 별로 도움이 되지 않는 경우가 많아요. 짧은 시간에 고등학교 수준에서 알아야 할 지식을 다 깨닫기에는 시간적으로 매우 부족하고 활동의 깊

이도 너무 얕습니다. 영어를 못하는 학생이 활동형 수업에 적극적으로 참여한다고 해서 그 수업을 통해 영어실력이 향상되지는 않거든요. 그래서 힘들긴 하지만 아이들에게 도움이 됐으면 하는 바람에서 동영상 강의를 만들고 있습니다. 그렇지 않으면 아이들이 다른 곳에서 인터넷 강의를 찾아 듣거나 학원을 가거나 해야 합니다. 결국 부족한 배움을 받기 위해 또 다른 길을 찾는 것이죠.

: "힘만 들고 배우는 건 없는 것 같은데요"

학생 주도 활동형 교육에 대한 학생들의 상황과 입장은 어떨까. 개정 교육과정이 내세우는 방향처럼 활동형 교육을 통해 꿈과 끼를 키우고, 끊임없는 경쟁 속에서 숨통이 트이는 경험을 하고 있을까? 학생들은 활동형 교육 가운데서도 특히 과목별로 다양하게 해내야 하는 활동형 과제에 대해 가장 많이 이야기한다.

고등학교 2학년 은서는 밤을 새며 활동형 과제를 할 때가 많다. 영상제작이 단골 과제다. 영상을 만드는 활동이 많다 보니 집에 편집 장비까지 들여놨다. 은서의 꿈은 영화감독이다. 자신의 미래를 위해 이런 활동을 미리 해보는 것도 도움이 될 수 있다고 생각한다. 이번에 과제로 만들어야 하는 영상은 '극한'이라는 수학 개념을 영화로 만드는 것이다. 학교 일과를 마치고 남는 시간에 영상을 만들어 제출하려면 새벽녘까지 자다 깨다를 반복하며 잠과의 사투를 벌여야 한다. 은서는 이 과제를 하며 극한에 대해 제대로 이해했을까. 영상까지 만들었으니 완전히 개념을 이해하지 않았을까. 수학에 대한 관심과 자신감이 더 높아지지 않았을까.

은서는 열심히 영상을 만들었지만 그렇다고 극한 문제를 풀 수 있는 건 아니라고 말한다. 그래서 따로 다시 문제집 풀이에 매진할 거라고 했다. 이렇게까지 힘들게 영상을 만들어야 하는 이유를 모르겠다는 말도 덧붙였다.

은서만이 아니라 다양한 활동을 수행해내기 위해 오늘날 아이들이 들이는 노력은 상상 이상이다. 배우지 않은 내용이 과제로 나올 때도 많다. 문제는 아이들이 배우는 게 없다고 느낀다는 것이다.

— 빅데이터, 스마트 로봇과 같은 IT 기술에 대해서 발표하는 수행이 있었어요. 그런데 저희는 그런 걸 수업에서 한 번도 배운 적이 없었어요. 전혀 모르는 걸 해내야 하는 거였죠.

— 책 만들기 과제가 있었어요. 10시간도 더 걸려서 했는데, 선생님이 한 번 촤라락~ 넘기곤 오케이하시는 거예요. 소감문 쓴 것도 읽어보시지 않고 오케이하셨고요. 과제에 대한 피드백을 주지 않으니까 제가 잘했는지 못했는지 알 수가 없었어요.

— 활동형 과제 하나 하는 데 처음에는 정말 오래 걸렸거든요. 자꾸

하다 보니까 약아지는 것 같아요. 어떻게 해야 시간을 조금 쓰면서 더 있어 보이게 만들까만 고민하게 돼요. 제 노력에 어떤 점이 부족했는지 어떤 걸 고쳐나가면 발전할 수 있는지 알고 싶은데, 그런 건 충족이 안 되니까 점수나 잘 받자 싶은 거죠.

배우는 입장에서 활동형 수업이나 과제가 충분히 만족스러우려면 그저 주입식 강의에서 벗어나거나 연필과 종이로 문제를 푸는 것에서 벗어나는 것만으로는 안 된다. 아이들은 공들인 시간과 노력에 비해서 결과가 만족스럽지 못하다고 여기고 있었다. 그렇다면 아이들에게 부담은 덜되면서 몰입도를 높일 수 있는 방식의 수업이나 과제를 더 많이 개발하면 되는 걸까.

문제의 핵심은 그것이 아니다. 아래 인터뷰에서 우리는 학력 격차에 따라 활동형 수업이나 과제에서 소외되는 학생들이 있다는 점을 알 수 있다. 그리고 당사자인 아이들도 똑같이 이야기하고 있다는 것을 발견할 수 있다. 이는 교사들이 느끼는 학생 주도 활동형 수업에서 배울 수 있는 '지식의 한계'와 관련이 있다.

— 저희 모둠이 PPT를 만들려고 PC방에 모였어요. 그런데 조사를 안 하는 친구들은 그냥 게임만 하더라고요. 그 친구들 탓을 하기도 그랬어요. 왜냐하면 그 애들 말이 조사를 하려 해도 내용을 잘 몰라 할 수 없다고 하더라고요.

— 조별 수업을 할 때 보면 못 따라가는 친구들이 속으로 혼자 끙끙 앓고 있을 수도 있겠다는 생각이 들어요. 그럴 때면 활동형 수업이 학생을 위한 게 맞는 건가 싶기도 해요.

— 영어 시간이 항상 활동형 수업으로 진행되었어요. 모둠별로 교과서 본문을 해석하다가 모르는 게 있으면 선생님께 질문하는 방식이었어요. 우리끼리 해석하는 과정에서 오류가 생겨도 틀렸는지도 모르고 지나가기 일쑤였어요. 나중에 혼자서 인터넷 강의를 듣다가 잘못 해석했다는 걸 알기도 했어요. 사실 질문도 어느 정도 영어에 대한 기본지식이 있어야 할 수 있는 거잖아요. 모르면 질문할 수도 없고 틀린 걸 바로잡을 기회도 없어요. 악순환인 거죠.

— 수학 시간에 '거꾸로 수업'을 한 적이 있어요. 배우지 않은 단원을 앞에 나가 설명해야 하니까 교과서를 그냥 읽는 수준밖에 안 되었어요. 정확한 개념도 배우지 않은 상태에서 문제풀이도 해야 했는데 학원에서 미리 배운 애들만 풀 수 있었죠.

: 교사 주도 수업의 재발견

현재 이뤄지고 있는 '학생 주도 활동형 교육'에 대해 교사와 학생 모두 문제의식을 가지고 있다. 그러나 학생 주도 활동형 수업 자체는 앞으로도 학교 교육에서 더 확대될 것으로 보인다. 앞의 설문조사에서도 보았듯 교육계, 학부모, 학생들 모두의 기대가 이를 반영한다. 그렇다면 과거의 주입식 교육에 익숙한 교육계가 아직 제대로 길을 못 찾고 있는 건 아닐까.

이에 대한 해답을 찾고자 교사 여섯 명이 모여 하나의 실험을 했다. 실험의 목적은 어떤 형태의 수업이 좋은 수업인가를 찾는 것이다. 교사의 개입도, 지식 전달 여부에 따라 학생들의 성취도, 만족도에 어떤 차이가 있는지를 검증해보기로 했다. 실험에서는 세 가지 형태의 수업을 정하고 결과를 비교해보기로 했다. 첫 번째는 '교사 주도 강의형 수업(강의형 수업)' 두 번째는 '교사 개입 활동형 수업(개입형 수업)' 세 번째는 '교사 방임-학생 주도 활동형 수업(활동형 수업)'이다.

전국 여섯 군데 중학교에서 총 24개 학급 600여 명의 학생을 대상으로 2019년 9~10월 한 달간 대규모의 수업실험이 시작됐다. 세 집단의 학생들은 학업성취도나 지식수준 등에서 차이가 나지 않는 동질집단으로 구성해 실험 이후 나타나는 수업효과의 차이가 오로지 어떤 수업을 받았는가에 달려 있도록 했다. 수업내용은 사회 과목의 '헌법재판소의 위상과 역할'이었다.

첫 번째 수업의 경우 헌법재판소에 대한 지식을 교사가 직접 설명해주는 강의형 수업으로 진행되었다. 두 번째 수업은 아이들의 활동이 주를 이루지만 교사가 적극적으로 개입하는 형태로 이루어졌다. 이 경우 학생들은 모둠별로 헌법재판소 심판을 맡아 사례를 분석하고 결정문을 작성해 발표까지 진행하지만, 교사가 개입해 학생들이 알아야 할 개념과 방향 등을 가르쳤다. 세 번째 수업의 경우 교사의 개입을 최소화하고 학생들이 스스로 문제를 해결해나가는 데 초점을 둬 교사는 안내자 역할만 수행했다. 이 경우 헌법재판소의 활동을 만화로 그리고 발표하는 방식으로 진행되었다. 각 집단별 수업이 끝난 뒤 학생들의 반응을 살펴보았다.

— 평소 배우는 거랑 다르게 그림도 그리고 애들이랑 같이 모둠활동을 하면서 해서 그런지 재미있었어요.

활동형 수업 참가 학생

— 예전에는 모둠활동이 많았거든요. 근데 그거 안 하고 설명을 좀 많이 해주시니까 이해가 더 잘됐던 것 같아요.

강의형 수업 참가 학생

학생들의 반응은 제각각 달랐다. 그러면 학생들은 수업내용을 얼마나 기억할까. 핵심개념을 얼마나 정확하게 이해하고 있을까. 습득한 개념적 지식을 구조화할 수 있을까. 이를 알아보기 위해 학생들에게 수업시간 동안 학습한 '헌법재판소의 다섯 가지 기능'에 대해 마인드맵을 그려보도록 했다. 마인드맵의 검사 목적은 모두 네 가지로 정리할 수 있다.

1. 수업을 통해 배운 개념의 기억 및 이해 정도

2. 핵심개념 이해의 정확성

3. 학생이 습득한 개념적 지식의 구조화 정도

4. 오개념 형성 정도

　결과는 수업집단별로 뚜렷한 차이를 보였다. 지식이나 개념의 정확도를 떠나 얼마나 마인드맵을 풍부하게 그렸는가를 보면, 두 번째 수업방식인 개입형 수업집단의 점수가 가장 높았다. 핵심개념을 얼마나 이해했는지(지식 이해도), 오개념이 얼마나 적었는지(개념 정확도), 지식의 층위에 따라 얼마나 깊게 구조화해 이해하고 있는지(구조화 정도)의 측면에서는 첫 번째 수업방식인 강의형 수업집단의 점수가 다른 두 집단에 비해 단연 높았다. 세 번째 수업방식인 활동형 수업집단은 마인드맵이 가장 단조로웠다. 지식 이해도, 개념 정확도, 구조화 정도에서 모두 가장 낮은 수준을 보였다. 아이들이 활동을 통해 스스로 배운다는 믿음과는 배치되는 결과였다.

　학업성취도에서도 세 집단은 큰 차이를 보였다. 교사의 개입이 없었던 활동형 수업집단이 나머지 수업집단에 비해 가장 낮은 성취도를 기록했다. 강의형 수업 > 개입형 수업 > 활동형 수업 순이었다.

　지식을 기억하고 이해하고 이를 통해 문제를 맞히는 능력을 평가하는 학업성취도에 있어서는 강의형 수업효과가 가장 큰 것으로 나타났고, 교사 개입 활동형 수업도 교사 방임 활동형 수업보다는 효과적임을

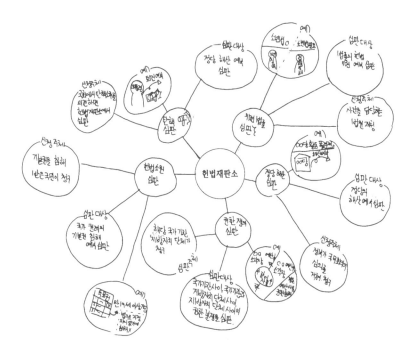

교사 주도 강의형 수업 마인드맵

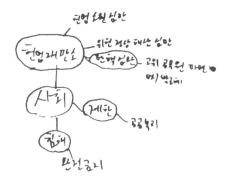

학생 주도 활동형 수업 마인드맵

확인할 수 있었다.

그렇다면 학생들은 어떤 유형의 수업을 가장 좋아할까? 강의형 수업의 효과가 높다 하더라도, 학생들은 자신들이 가장 많이 참여하고 무언가 성취감을 느낄 수 있는 활동형 수업을 가장 좋아하지 않을까? 이를 알기 위해 수업 만족도를 '학습성과 만족도' '수업방식 만족도' '직접적 만족도'의 세 가지 측면에서 조사했다. 결과는 아래와 같은 순서로 나타났다

1. 학습성과 만족도 **강의형 수업** > **개입형 수업** > **활동형 수업**
2. 수업방식 만족도 **활동형 수업** > **강의형 수업** > **개입형 수업**
3. 직접적 만족도 **강의형 수업** > **활동형 수업** > **개입형 수업**

총 수업 만족도 **강의형 수업** > **활동형 수업** > **개입형 수업**

즉 활동형 수업이 가장 신나고 재밌다고 느꼈지만 자기에게 유익하고 도움이 되는 수업은 강의형이라고 대답한 학생이 많았다는 것이다. 수업 만족도의 세 측면 모두 아주 미미한 수치 차이만 있을 뿐, 세 가지 수업유형에 대해 통계적으로 유의미한 차이가 나타나지 않았다. 오히려 중요하게 보아야 할 것은 흔히 생각하는 것처럼 학생들이 활동형 수업만을 선호하는 건 아니라는 점이다. 학생들은 강의형 수업도 도움이 된다고 생각하고 좋아하고 있었다.

이번에는 성적에 따른 수업유형의 효과를 분석해보았다. 사회성적을 상위집단과 하위집단으로 나누어 수업효과를 살펴보았다. 이 경우 하위집단 학생들의 성취도는 활동형 수업의 경우, 수업 전보다 더 떨어지는 양상을 보였다. 성적 하위집단일수록 아이들이 스스로 배우기를 기대하는 활동형 수업의 효과가 나타나지 않는다는 것이다.

강원대학교 일반사회교육과 송성민 교수는 이 결과를 두고 이렇게 말한다.

— 마인드맵 결과에서 알 수 있듯이 학생 주도 활동형 수업을 한 학생들은 오개념을 많이 갖고 있고, 제대로 그림조차 그리지 못했습니다. 심각한 학습결손이 발생하고 있는 것입니다. 제대로 된 수업이 이루어지지 못했을 때 그 피해를 가장 많이 받게 되는 학생들은, 하위권 학생들과 개념이나 지식이 풍부하게 형성되지 않은 학생들입니다. 방임형으로 진행되는 자율적인 수업에서는 수업결손이 상당히 발생할 수밖에 없습니다. 아이들을 방치하는 게 아닌가 하는 생각이 듭니다.

이 실험을 비롯하여 교육 현장이 처한 핵심적인 질문은 바로 이것이다. '지식을 배우고 자기 것으로 만드는 과정에서 주도성이 과연 얼마나 필수적인가' 하는 것이다. 2006년 폴 커쉬너 Paul Kirschner 교수는 「수업에서 교사의 최소 개입이 효과적이지 않은 이유는 무엇인가?Why Minimal

Guidance During Instruction Does Not Work?」라는 논문을 발표했다. 이 논문의 내용은 교사가 최소로 개입하는 수업이 더 좋다는 사실을 뒷받침할 만한 실증적인 증거는 미비하며, 중간 또는 낮은 성취 수준의 학생들에게는 교사의 지식 전달 없이 활동만으로 끝나는 수업이 오히려 오개념이나 불완전한 지식을 심어줄 수 있다는 것이다.

' 스스로 배우기'에 실패한 미국의 혁신학교

교사에 의한 지식 전달의 중요성은 전 세계 국가들이 다 같이 고민하는 문제다. 첨단교육의 아이디어가 가장 먼저 도입되었던 미국의 경우를 살펴보자. 2006년 필라델피아 교육청은 2006년 마이크로소프트사MS의 재정 지원을 받아 '미래학교School of the Future'를 세웠다.

미래학교는 자기 주도 학습의 힘을 강조했던 미래학자 엘빈 토플러Alvin Toffler가 제시한 모델을 기반으로 설계되었다. 개인별 맞춤식 교육과 과목을 통합한 커리큘럼, 학습자 중심 수업이 기본 방향이다. 종이와 교과서가 없는 학교를 표방하며 전교생에게 개인별 학습 노트북을 지급해 수업을 진행했다. 미래학교가 들어선 지역은 도심에서 벗어난 외곽 지역으로, 지역 소득수준이 미국 평균 이하, 학생들의 수학·독해 분야의 낙제율이 각각 80%, 59%를 차지했다.

미래학교는 각종 미디어의 주목을 받았다. 사람들은 첨단교육의 아이디어에 힘입어 학생들이 자발적으로 학습능력을 높일 거라고 기대했다. 2009년 1월 3일 《조선일보》에 보도된 기사를 살펴보자. "공교육 혁명 - 미국 필라델피아 미래학교"라는 제목으로 다음과 같은 내용이 실렸다.

> 필라델피아 교육청은 MS와 함께 정답 맞히기보다 문제 해결에 적합한 교육과정을 개발했다. 프로젝트를 학생 스스로 정하고 성취하게 하는 경영대학원MBA식 학습방법이다. 학교 시간표는 영어, 수학, 과학 등 과목 중심이 아니다. 한 학기 혹은 2년짜리 프로젝트를 정해 교사와 학생이 함께 움직인다. 서로 다른 과목의 교사 네 명이 한 팀이 되어 학생 30~40명으로 구성된 프로젝트를 이끌고, 학기 말에 발표하는 형식이다. 사회에 필요한 교육을 받는 일정의 선행학습인 셈이다.

그런데 자기 주도 학습과 첨단 학습 도구로 이목을 끈 필라델피아 미래학교는 2011년 11학년생들을(중2~고1) 대상으로 실시한 개교 후 첫 성취도 평가에서 지역 최하위를 기록했다. 수학 과목은 학생들 중 단 7%만이 평가를 통과했다. 미래학교의 학생들은 프로젝트를 이해하고 주도하는 데 필요한 기초지식이 부족했다. 많은 학생들이 노트북을 교육목적으로 사용하지 않고 게임 등을 즐기는 오락 도구로 사용했다.

구글의 수석 엔지니어였던 막스 벤틸라가 2013년 설립한 대안학교인 '알트 스쿨ALT School' 역시 학생 주도형 교육에 실패한 사례다. 페이

스북 창립자인 마크 저커버그 등 실리콘밸리 유명인사들에게 1억 7,500달러를 투자받은 알트 스쿨은 실리콘밸리에서 가장 주목받았던 학교다. 알트 스쿨은 개인 맞춤형 커리큘럼을 도입하고 최첨단 테크놀로지를 교육에 활용하며 미래교육의 모델로 각광받았다.

막힌 벽이 없는 개방형 공간인 알트 스쿨에서 학생들은 정해진 교실에 출석하여 수업을 듣는 게 아니라 자신이 원하는 곳에서 수업을 받고, 등하교 시간도 자유롭게 정할 수 있었다. 학생들의 개별 관심사와 특성에 따라 반이 구성되었고, 관심사가 같은 만 네 살에서 열네 살까지의 학생들이 한 반이 되어 프로젝트 단위로 공부했다. 학생들은 교사의 강의 대신 학습에 필요한 오디오북이나 영상 콘텐츠 강의를 개별 노트북으로 들었다. 알트 스쿨은 IT 업계에서 종사하는 학부모들을 중심으로 큰 인기를 얻었고 뉴욕, 샌프란시스코 등 미국 전역에 아홉 곳의 학교가 문을 열었다.

하지만 얼마 지나지 않아 학부모들의 거센 항의, 그리고 소송까지 이어졌다. 문제는 학력수준 저하였다. 종이책을 읽는 대신 오디오북과 영상 강의를 들은 아이들은 글을 읽거나 쓸 줄 몰랐다. 알트 스쿨에 자녀 둘을 모두 보낸 한 학부모는, 아이가 3학년이 되었는데도 간단한 편지조차 쓰지 못해 학교에 여러 차례 건의했지만 달라지는 건 없었다고 했다. 결국 두 아이 모두 학습부진 진단을 받게 되자 더는 못 견디고 공립학교로 자녀들을 전학시켰다.

— 알트 스쿨에 다니는 동안 우리 아이들은 기본이 되는 읽기와 쓰기조차 발전이 없었어요. 선생님들은 교육을 하는 대신 치어리더처럼 아이들을 응원하거나 보육을 맡아주는 사람 같았어요. 공립학교로 전학간 뒤 아이들은 금세 적응해 혼자서 글을 잘 읽고 쓰게 되었어요. 공립학교 교사는 아이의 어려움이 뭔지 파악하고 필요한 것을 수업시간에 제공했어요.

현재 아홉 곳의 알트 스쿨 가운데 절반 이상이 문을 닫았다. 미래학교나 알트 스쿨의 사례만으로 학생 주도 활동형 수업 자체가 문제라고 말할 수는 없다. 하지만 미국의 경우만 보아도 학생 주도 활동형 수업의 문제는 전반적으로 제기되고 있다. 미국의 언론인 아만다 리플리가 세계 교육 강국들을 탐사해 쓴 책 『무엇이 이 나라 학생들을 똑똑하게 만드는가』에는 교환학생으로 미국에 온 핀란드 고등학생이 미국 학교의 활동형 수업을 어떻게 바라보는지 기술한 부분이 있다. 그는 역사 시간에 포스터 만드는 데 지나치게 많은 시간을 썼던 것이 기억난다고 했다.

— 정말 포스터를 많이 그렸어요. 친구들한테 농담이 아니라 정말 "또 포스터야?"라고 말했던 게 기억나요. 역사 시간이 아니라 미술 시간 같았어요. 좀 더 지루한. 선생님이 포스터에 필요한 정보를 알려줬고, 아이들은 그냥 자르고 붙여서 포스터를 완성하기만 하면 됐어요. 그래서 모든 아이들의 포스터 주제는 동일했어요.

미국의 활동형 교육에 문제가 있었다고 해도, 자기 주도적 능력을 가진 인재가 더 중요해지고 있는 상황에서 지식을 배우는 방식 또한 변화하는 게 당연한 건 아닐까. 기존의 기업들은 물론이고 스타트업의 붐에서 보듯 이미 영상으로 회의하고, 자율적으로 일하고, 프로젝트별로 고용되는 등 미래 일자리 구조가 바뀌는 상황이지 않은가. 이 질문의 답은 무엇일까.

: 카드게임만으로 수학을 배울 수는 없다

프랑스는 1990년대 이미 활동형 수업을 도입한 나라다. 국제학업성취도평가PISA 결과, 현재 프랑스는 유럽에서 수학을 가장 못하는 나라가 됐다. 수학 분야의 노벨상으로 불리는 필즈상Fields Medal 수상자를 미국 다음으로 많이 배출한 나라, 프랑스의 수학 수업에 어떤 문제가 있는 걸까.

파리의 한 평범한 중학교를 찾아가보았다. 수학 수업이 이뤄지는 교실이다. 학생들은 두 그룹으로 나뉘어 컴퓨터로 도형 문제풀이와 계산기를 이용해 사고력 문제풀이를 진행한다. 수업 내내 교사는 직접 개념을 설명하기보다 아이들이 스스로 문제를 해결할 수 있도록 도와주는 역할을 맡는다. 교사가 앞에서 설명하는 대신 학생들이 각자 컴퓨터나 계산기 앞에서 알아서 문제를 풀고 있다.

— 두 그룹은 각각 활동을 끝낸 이후 서로 학습활동의 종류를 바꿔요. 컴퓨터 활동을 끝내고 계산기 문제를 푸는 방식이죠. 이렇게 수업은 활동적인 자율학습으로 이뤄집니다. 자율성이 있어야 문제를 해결할 수 있기 때문입니다.

메디 칼리파, 프랑스 마리 퀴리 중학교 교사

그런데 자율성이 오히려 힘들어 보이는 학생들도 있다. 기초지식이 없어 문제풀이 자체가 어려운 학생들은 손을 들고 교사에게 도움을 요청한다. 하지만 이런 상황에 처한 친구들이 많다 보니 자신을 봐줄 차례가 올 때까지 멍하니 앉아서 선생님을 하염없이 기다리는 수밖에 없다. 수업시간 대부분을 선생님을 기다리며 흘려보낸 학생 중 한 명에게 수업시간에 무엇을 배웠는지 물어보았다.

— 오늘 수업에서는 컴퓨터로 도형 그리는 것을 배웠어요. 컴퓨터로는 도형을 잘 만들 수가 있어요. 자로 그리면 자칫 잘못 그려 망치게 될 수도 있잖아요.

이 학생이 배운 것은 무엇일까. 자가 아닌 컴퓨터를 이용한 도형 그리기였다. 그러면 이 수업을 과연 수학 수업이라 할 수 있을까. 컴퓨터로 그림을 그린 건 도형의 원리를 이해하기 위한 활동의 일부이고, 수업목표는 도형의 개념을 이해해 문제를 풀 수 있는 능력을 갖추는 것이었다. 하지만 이런 식의 수업을 받고 그 목표를 달성하는 학생은 소수에 불과하다. 프랑스 학생들의 수학 기초학력 저하의 한 장면이다.

프랑스 정부는 2018년 「수학교육을 위한 스물한 가지 조치」라는 보고서를 발표했다. 이 보고서에서 프랑스 학생들의 낮아진 수학 성취도의 원인으로 지목된 것은 바로 '잘못된 활동형 수업'이었다. 아이들이 활동형 수업을 통해 수학지식을 제대로 배우지 못하는 것을 문제라고 본 것이다. 보고서에는 이렇게 적혀 있다.

수학을 하기 위해서는 먼저 수학을 배워야 한다는 것을 사람들은 잊는다. 활동을 하는 것은 모두 좋은 의도에서 나온 것이지만 현재 나타나는 결과들은 좋지 않다.

프랑스 국가교육 총감독관인 샤를르 토로시앙 역시 활동형 수업 자체만으로는 수학을 배울 수 없다고 말한다.

— 양로원에서 '브릿지' 카드게임을 하는 노인들을 보고 수학을 하는 중이라고 할 수 있을까요? 이 노인들이 학습하고 있다고, 특히 수학문제를 풀고 있다고 말할 수는 없을 겁니다. 문제는 바로 카드게임 자체가 수학은 아니라는 겁니다. 활동 자체로는 어떤 수학적 개념을 배우는지 설명할 수 없어요. 활동을 통해 수학을 배우는 것은 좋지만 어떤 수학을 하는 것인지 명백히 설명하는 조건이

덧붙여져야 합니다. 프랑스 수학교육은 지난 몇 년간 활동형 학습에 머물면서 발전하지 못했습니다.

프랑스의 이웃 나라, 영국도 학생들의 학력저하 때문에 교육개혁에 나선 바 있다. 영국의 문제 역시 학생 주도 활동형 학습을 지나치게 강조한 데 원인이 있었다. 이에 영국은 2013년에 지식을 강조하는 새로운 교육과정을 도입했다. 영국 교육부 장관이었던 마이클 고브는 2011년 한 방송 인터뷰에서 다음과 같이 말했다.

— 매년 약 절반의 학생들이 수학 성취도 평가에서 C조차 달성하지 못하고 학교를 떠납니다. 우리 아이들이 미래에 힘이 되는 필수지식에 접근할 수 있도록 시스템을 개혁하겠습니다.

영국 정부가 교육과정의 개정을 앞두고 2010년에 발간한 교육백서에 따르면 '새로운 교육과정은 지식을 기반으로 한 교육과정이며 이에 맞춰 초등학교에서는 스펠링과 문법을 강조하고, 엄격하면서도 지식이 풍부한 교과과정을 제공하는 것을 최우선으로 삼고 있다'라고 밝히고 있다.

：　　　암기 중심의 주입식 교육≠강의형 지식 교육

한국 교육이 처한 현실도 이런 나라들과 별반 다르지 않다. 한국의 PISA 성적은 2000년 OECD 국가 가운데 2위였으나 2018년에는 7위로 추락했다. 여기서 주목할 것은 한국 학생의 학력저하 현상이 2015년 이후 심화되고 있다는 점이다. 읽기, 수학, 과학에서 2등급 미만의 하위권 아이들의 비율이 증가하며 학력의 양극화 현상이 심해졌다.

매년 실시하는 국가수준학업성취도평가에서도 해당 학년에서 배워야 할 최소 학습량을 따라가지 못하는 기초학력 미달 학생이 해마다 늘고 있다. 2018년에는 중고등학생 모두 수학 기초학력 미달 비율이 10년 만에 처음으로 10%를 넘었다.

이런 문제는 이미 현장에서 체감되고 있다. 앞에서 언급한 교사, 학생, 학부모 3,000명을 대상으로 한 설문조사의 다른 문항 결과들을 살펴보면, 지식 중심 교육에는 반대하지만 현재 학교에서 배우는 지식수준은 낮거나 부족하다고 느끼고 있다. 송성민 교수는 이렇게 말한다.

— 학생, 학부모 모두 학교에서 지식 교육을 덜 하길 바라지 않아있어요. 지식은 여전히 중요하고 효용이 크다는 걸 인정하면서도 지금까지 했던 암기 중심의 주입식 교육에 대한 거부감 때문에 그 반대급부로 학생들에게 수업의 주도권을 넘겨주자는 흐름이 형성된 것 같습니다. 거기에다 미래사회에 필요한 새로운 역량을 기르려

면 학생들이 적극적으로 발표하고 토론해야 하지 않겠느냐고 막
연히 생각한 것입니다.

여기에는 일방적인 '암기 중심의 주입식 교육'과 '지식을 가르치
는 강의형 교육'을 같은 것이라고 생각하는 오해가 작동한다. 송성민 교
수는 그런 오해가 어디서 왔는지 밝히고 있다.

— 당연히 암기만 강요하는 주입식 교육은 좋은 게 아닙니다. 우스갯
    소리로 한국인의 지식수준은 수능 전날에 최고에 이르고 수능 다
    음날 50%로 감소한다는 말이 있듯이, 시험을 위해 기계처럼 암기
    한 지식은 자기 것이 되지 않습니다. 지금까지 주입식 교육이 강
    의형으로 이뤄지다 보니 강의형 교육이 그 오명을 뒤집어쓴 것뿐
    이에요. 학습자의 이해수준에 맞춰 지식을 구조화해 전달하는 강
    의형 수업, 실감나는 사례와 끊임없는 피드백이 오가는 강의형 수
    업도 얼마든지 가능합니다. 과학적 근거 없는 낙관론으로 학생 스
    스로 수업을 주도하라고 방임하는 건 우리가 경멸했던 주입식 교
    육에 대한 대안이 결코 될 수 없습니다.

영국의 교육전문가 데이지 크리스토둘루Daisy Christodoulou는 『아무
도 의심하지 않는 일곱 가지 교육 미신』이라는 책에서 학생 주도 수업이
영국 교육을 망치고 있다고 했다. 이 글은 학생 주도 활동형 교육으로 혼

란스러워하는 한국의 학생들에게도 그대로 적용된다.

교사가 거의 말하지 않고 교사지도도 최소화하면서 학습경험을
체계적으로 제공하면 학생들이 필요한 모든 지식을 개별적으로
학습하는 것이 가능할까. 이것이 사실일까. 그렇지 않다. 이러한
주장은 그럴듯하게 들리지만 근본적으로 논리적 오류를 갖고 있
다. 학교 교육의 목적은 학생들이 독립적으로 공부할 수 있는 능
력을 소유하고 자기 주도적으로 학습하며, 자율적으로 문제를 해
결할 수 있도록 만들어주는 것이라는 주장은 분명히 맞다. 그러나
독립성을 기를 수 있는 가장 좋은 방법이 독립적으로 학습하도록
하는 것이라는 가정은 틀리다. 전혀 사실이 아니다. 자기 주도적
인 학습자로 성장시키기 위해서는 교사의 지도가 절대적으로 필
요하다.

배우는 과정이 신나고 즐거울 때 배움에 대한 욕구가 커지고 배움
의 효과도 커질 것은 분명하다. 무엇보다 단순히 지식을 암기하는 것에서
그치지 않고, 자기의 관점에서 해석하고 또 다른 지적 호기심으로 연결하
는 것이야말로 교육의 최종 목표일 것이다. 모든 배움의 핵심은 '나는 과
연 알고 있는가' 혹은 '나는 무엇을 모르는가'를 깨닫는 것이다. 그런데
그 배움의 과정을 오로지 학생에게만 맡겨둘 수 있을까?

경인교육대학교 이대식 교수는 '교사의 인위적 개입'의 필요성을

강조하며 다음과 같이 말한다.

— 예를 들어볼게요. 스키를 배우러 갔는데 강사가 "혼자 한번 타고 내려와보시죠. 스스로 터득하면 희열도 느끼고 좋지 않겠습니까" 라고 말한다면 어떨까요? 수영을 배우러 갔는데 "50m를 수영해서 와보세요. 스스로 영법을 깨달으셔야 됩니다" 한다면요? 황당한 일이죠. 학생 주도 활동형 교육도 잘못하면 이런 식이 될 수 있어요. 지식과 개념의 가이드라인을 주지 않고 자유롭게 토론하라고 하면 특히 중하위권 학생들은 길을 잃을 수밖에 없어요. 더하여 시간 문제도 있습니다. 시간이 무한정 있다면 차근차근 천천히 깨달아가게 할 수 있겠지만 학교 교육은 시간이 정해져 있어요. 초기에 지식이 갖춰지지 않은 학생은 갈수록 벌어지는 지식 격차에 허덕이게 돼요. 1/2 + 1/5을 2/7라고 대답하는 학생이 있다면 기본적인 덧셈은 하지만 통분을 모르는 거잖아요. 그런 학생에게 혼자 깨우치라는 건 너무 가혹하죠. 교사의 인위적이고 직접적인 개입이 반드시 필요해요. 활동형 교육의 취지는 좋지만 교육적으로 성장이 일어나는지 살펴봐야 합니다.

스스로 배운다는 것에 대한 오해와 환상으로 '공부'의 본질을 놓치게 된다면, 그 결과는 고스란히 학생들의 몫이 될 수밖에 없다.

2 지식을 넣었다 뺐다 할 수 있는 능력자들

시험은 과연 꼭 필요한가

내가 모르는 것이 무엇인지 알기

이느 중학교 2학년 학생들이 지필고사를 보는 날을 살펴보았다. 중학생이 된 후 처음으로 전 과목 지필고사를 보는 특별한 날이다. 초등학생 때부터 지필고사를 본 적이 없는 학생들은 이 시험이 더 긴장될 수밖에 없다. 아이들은 인생에서의 첫 기말고사를 어떻게 봤을까.

아이들이 무엇보다 궁금한 건 자신의 점수다. 시험이 끝나자마자 친구들과 정답을 맞춰보느라 정신이 없다. 단 1점으로도 희비가 교차한다. 인생이 달라지는 것만 같은 느낌이다. 그동안 공부한 것을 좋은 점수로 증명해 보인 학생들은 세상을 다 가진 기분이 된다. 하지만 다른 쪽에서는 여기저기 낙담하는 학생들이 있다.

— 오늘 영어하고 과학을 봤는데 둘 다 망했어요. 두 과목 합쳐서 50점

도 안 나왔어요. 지난 주말에 독서실에도 가고 시험대비 문제집도 풀었는데 시험을 너무 못 쳤어요.

시험은 끝났지만 아이들은 곧장 집으로 가지 않았다. 선생님에게 떼를 써서라도 점수를 올려보고 싶은 아이들. 왜 틀렸는지 알기보다 어떻게든 점수를 올리는 게 아이들에게는 더 중요해 보인다.

기말고사가 있기 한 달 전부터 학원에서 집중적으로 시험공부를 했다는 아이들도 있었다. 처음 보는 시험인 만큼 좋은 점수를 받고 싶은 마음이 커서 영어, 수학, 과학 등 주요과목 모두 학원 수업을 받았다고 한다. 아이들의 공부는 집에 와서도 계속됐다. 매일 밤늦게까지 나머지 과목들을 공부했는데 이렇게 열심히 해도 시험을 생각하면 걱정이 앞섰다. 절대 실수하면 안 되고 무조건 많이 맞혀야 한다는 압박감 속에서 시험은 점점 더 큰 스트레스가 된다.

— 정답 마킹을 하다가 떨려서 빗겨 나간 적도 있어요.

— 시험 한 달 전까지만 해도 한 달이나 남았으니까 하면 된다고 생각했는데 어느새 2주, 1주로 줄어들더니 시험 하루 전이 되어버리더라고요. 한 번도 시험공부를 제대로 해본 적이 없으니까 어떻게 해야 될지 막막했어요.

다시, 공부 다시, 학교

— 막상 시험 당일이 되니까 '애들도 나만큼은 공부했겠지' 하는 마음이 들면서 친구들이 나보다 잘할 것 같은 불안감이 들었어요.

모두를 두렵게 만드는 시험은 꼭 필요한 것일까. 한 실험을 통해 시험의 필요성에 대한 본질적인 답을 찾아보았다. 실험에 참여한 초등학생 열 명에게 기름떡볶이 만드는 영상을 보여주며 내용을 놓치지 말고 집중해서 봐야 한다고 강조했다. 영상을 다 본 후, 자신이 내용을 얼마나 이해했다고 생각하는지 백분율로 적도록 했다. 아이들 대부분 높은 수치를 적었다. 아이들은 스스로 생각하는 만큼 실제로도 잘 이해했을까? 기억나는 대로 기름떡볶이 만드는 순서를 말해달라고 했다.

— 음, 먼저 컵에 떡을 두 컵 정도 넣고, 그 다음에, 뭐지? 갑자기 까먹었어요.

— 떡 두 컵을 넣고, 그리고 양념장 넣었는데… 얼마나 넣었지? 기억이 안 나요.

학생들은 평균 80% 정도를 이해했다고 대답했지만 막상 질문을 해보면 답을 못 하는 경우가 많았다. 자신이 안다고 생각하는 것과 실제 아는 것 사이에 큰 차이가 있는 것이다.

학생들에게 똑같은 실험을 다시 했다. 비슷한 난이도의 영상을 본

후 얼마나 이해하는지를 적게 했더니, 이번에는 학생들 대부분이 이전보다 훨씬 적게 내용을 이해했다고 답했다. 두 번째 실험에서 학생들의 대답은 평균 69%로 뚝 떨어졌다. 아이들은 자기가 생각보다 기억을 잘 못하는 걸 깨달은 것이다. 단 두 명의 학생만이 첫 번째보다 높은 수치를 썼다. 이 아이들에게 내용에 대해 질문을 해보았다. 그러나 예상 외로 답변을 잘 하지 못했다.

— 많이 기억했다고 생각했는데, 막상 질문을 받으니까 기억이 안 나요.

질문을 받고 말문이 막힌 경험을 통해 아이들은 '자신을 다시 보게' 된다. 결국 내가 안다고 생각하는 것을, 실은 '알지 못한다고 깨닫는 것'에서부터 공부는 시작되는 것이다. 박현욱 초등학교 교사는 '질문'의 중요성에 대해 이렇게 강조한다.

— 질문을 통해 자기가 알고 있는 내용을 확인하는 과정에서, 아이들은 자신이 이해한 정도를 자기가 정확하게 판단하지 못한다는 사실을 깨닫게 되었을 거예요. 그 이후에는 자기가 이해하고 있는 정도를 조금 더 객관적으로 판단하려고 노력하고 있다고 볼 수 있어요.

박현욱, 초등학교 교사

미국 컬럼비아 바너드칼리지에서 인지심리를 연구해온 리사 손 교수는 방학 기간 동안 한국의 한 대학교에서 인지심리학 강의를 진행했다. 리사 손 교수 수업의 특별한 점은 배운 내용을 수시로 테스트한다는 것이다. 리사 손 교수는 텅 빈 칠판에 학생들이 아는 것을 적게 했다. 이에 대해 학생들은 어떻게 느꼈을까.

— 제가 칠판에 그렸던 그래프들은 기억에 선명하게 남아서 시험 때 바로바로 쓸 수 있었어요.

— 앞에 나가서 적극적으로 참여하고 답을 적으면서 기억할 수 있게 되는 것 같아요. 틀리더라도 왜 틀렸는지를 알아내고 고치는 과정에서 기억에 남는 거죠. 틀리더라도 고칠 기회를 주니까 좋아요.

리사 손 교수는 학생들이 얼마나 알고 있는지 확인할 기회를 계속 주어야 한다고 강조한다. 학생들이 직접 답을 찾아보게 하는 것이 그 방법 가운데 하나라고 했다.

— 내가 답을 아는지 알려면 그 답을 꺼내봐야 돼요. 꺼내보면 판단할 수 있습니다. 꺼내지 않으면 아는지 모르는지 판단도 안 되고,

꺼내는 연습도 안 돼요. 오랫동안 꺼내는 연습을 해봐야 해요. 이 꺼내보는 노력이 바로 학습입니다. 답이 틀렸거나 답을 찾는 데 힘이 들고 너무 오래 걸리면 '내가 못하는구나, 실패했구나' 하고 일찍 끝내버리는 경우가 많은데요. 그 모르는 시기를 견뎌내야 합니다.

리사 손 교수는 『메타인지 학습법』에서 자신이 무엇을 알고 무엇을 모르는지 스스로 파악하는 것을 '메타인지'라고 표현했다. 또 성공적인 배움을 위해서는 시행착오가 필연적이며 이와 관련하여 미국에서 실행한 몇 가지 실험을 소개했다.

첫 번째 실험은 학생들이 nurse, mitten, dream 등의 여러 단어를 암기하는 것에서 시작했다. 암기 시간이 끝난 후 실험자는 시험에 참가한 학생들을 임의적으로 '읽기 집단'과 '유추 집단'으로 나누었다. 읽기 집단의 학생들에게는 눈으로 단어를 읽어 암기하게 한 반면, 유추 집단에 속한 학생들에게는 철자의 일부분만 보여주고 어떤 단어인지 추론하게 만들었다. 읽기 집단에게 nurse, mitten, dream 등의 완벽한 단어를 제시했다면 유추 집단에게는 '_ur_e' 'itt_n' '_rea_'의 식으로 단어를 제시한 것이다.

이후 두 그룹 모두 자유회상 시험을 치렀더니 유추 집단의 시험점수가 훨씬 높게 나왔다. 자유회상 시험은 기억에 의존하여 단어를 떠올려야 하는 특성이 있는데, 단순히 단어를 암기한 집단은 유추 연습을 해보지 않았기에 제대로 된 학습이 덜 된 것이었다. 물론 유추 학습과정은 복잡하며 실패할 가능성도 높다. '_ur_e'라는 단어에서 nurse 대신 curse나 purse 같은 다른 단어를 떠올릴 수도 있다. 그러나 이러한 시행착오를 통해 더 많이 배우고 기억할 수 있게 된다.

두 번째 실험에서는 피험자인 학생들을 읽기 집단과 유추 집단으로 나누고 그들에게 미국 대학수학능력시험SAT에 나오는 여러 동의어들을 제시했다. 앞선 실험과 마찬가지로 두 집단 모두 실험자가 제시한 단어를 암기해야 했다. 실험자는 서로 다른 방법으로 학습한 두 집단의 메타인지 판단 여부를 알기 위해 '이제 곧 보게 될 시험에서 방금 학습한 단어를 얼마나 잘 기억할 것 같은가?'라는 내용으로 자기 평가 설문을 실시했다. 이는 앞에서 소개한 기름떡볶이 영상 실험과 마찬가지로 학생늘이 얼마나 잘 학습했는지, 얼마나 회상해낼 수 있는지를 스스로 판단하게 하는 메타인지에 관한 질문이었다.

그 결과, 읽기 집단의 학습 자신감이 유추 집단의 학생들보다 높은 것으로 나타났다. 하지만 정작 시험에서는 유추 집단의 성적이 더 좋았다. 실패 없는 쉬운 학습을 거친 읽기 집단이 자신감은 높았지만, 상대적으로 어려운 학습과정을 거친 유추 집단의 성적이 더 높았던 것이다.

: 인출하지 않으면 머릿속 지식은 사라진다

결국 시험은 '머릿속의 지식을 꺼내보는 연습'이라고 할 수 있다. 인간의 학습과 기억에 대해 오랫동안 연구해온 워싱턴 대학 심리학과 헨리 뢰디거 교수는 지식을 무작정 머릿속에 넣기만 해서는 학습이 안 된다고 말한다.

— 어제 무엇을 했는지 오늘은 잘 얘기할 수 있겠지만 몇 년 후에는 어제 한일을 전혀 기억하지 못할 겁니다. 어제 일어난 일에 대한 기억을 계속 유지하고 싶다면 자주 이 기억을 인출해야 합니다. 제가 지금 기억하고 있는 어린 시절의 일들은 여러 번 반복해서 기억했던 것들입니다. 열 살 때 일을 한 번도 인출한 적이 없다면 지금까지 기억하지 못했을 거예요.
저는 학습이란 우리가 배운 지식의 창고에 기억을 저장하는 것이라고 생각합니다. 하지만 사용하지 않으면 곧 잊어버립니다. 책을 읽었더라도 지속해서 그 지식을 사용하지 않으면 미래에는 다시 인출하지 못하게 됩니다. '인출 연습'이라는 건 배운 지식을 계속 사용하는 거예요. 그리고 세상에 적용해보는 것이죠.

배운 지식을 반복적으로 사용하지 않으면 결국 잊어버리기 때문에 지식을 계속 인출하는 연습이 필요하다는 것이다. 우리는 많은 지식을 배우지만 이 중 대부분은 사라지고 일부만이 머릿속에 남는다. 더 많은 지식을 기억하는 가장 좋은 방법은 저장된 지식을 자주 꺼내 사용하는 것이다. 이것을 '인출'이라고 부른다. 평소에 인출 연습을 꾸준히 하면 지식을 오래 기억할 뿐만 아니라 필요할 때마다 쉽게 꺼내 쓸 수 있다.

— 　인출 연습은 아주 간단한 공부방법이에요. 예를 들어 미국 50주의 주도를 외울 때, 종이의 앞면에는 주의 이름을, 뒷면에는 주도의 이름을 써놓고 주를 보면서 주도에 대한 인출 연습을 계속하는 겁니다. 제대로 기억하지 못하면 종이를 뒤집어 확인해보면 됩니다. 이러한 인출 연습은 그냥 반복해서 읽으면서 밑줄을 긋는 것보다 효율적이라는 연구결과가 많이 있습니다. 인출 연습은 단순히 암기에만 효과가 있는 게 아니라 이해가 필요한 공부에도 사용할 수 있어요. 외국어, 과학, 역사, 철학 등 모든 과목에 적용할 수 있죠.

뢰디거 교수는 인출 연습으로 학생들의 학업능력이 향상될 수 있다면서 중학교와 고등학교에서 실시한 연구에 대해 말한다. 매 수업 후 스크린에 대여섯 개의 문제를 내고 학생들이 답을 클릭하면 잠시 후 정답을 보여주는 식으로 인출 연습을 했더니 한 달, 한 학기 후에 시험을 쳤을 때 인출 연습을 했던 문제를 학생들이 더 많이 기억했다. 중학생은 사회, 과학, 스페인어 수업에, 고등학생은 역사와 과학 수업에 적용해본 연구였는데, 학생들은 모든 과목에서 인출 연습을 했을 때 성적이 더 향상되었다. 또한 원래 공부를 잘하는 학생과 잘하지 못하는 학생 모두가 성적이 올랐다.

그런데 해야 하는 공부 양이 많은 학생들이 모든 과목에서 인출 연습을 하게 되면 스트레스 지수가 너무 올라가지 않을까? 이런 의문에 대해 뢰디거 교수는 인출 연습이 같은 시간을 공부했을 때 훨씬 효율적이라고 답변했다.

— 학생들은 주로 책을 여러 번 읽으면서 밑줄을 그으며 시험공부를 합니다. 이렇게 읽는 데는 많은 시간이 필요합니다. 중학생 1,000명을 대상으로 실험했을 때 수업 중 5분만 인출 연습을 해도 좋은 결과를 얻는다는 걸 알 수 있었습니다. 나중에 이 학생들에게 인출 연습을 한 수업에 대해 스트레스와 관련해서 설문조사를 했는데, 학생 80%가 수업에서 인출 연습을 한 것이 시험에 도움이 되었다고 말했어요.

뢰디거 교수는 학생들이 인출 연습의 효과를 확실히 경험할 수 있는 방법도 소개한다. 수업 첫날 두 문단을 읽게 한 후 학생들에게 한 문단은 한 번 더 읽게 하고, 다른 한 문단은 기억할 수 있을 만큼 여러 번 쓰게 하는 것이다. 다음 수업 때 두 개 문단에 대해 기억나는 만큼 써보게 하는 돌발시험을 치른다. 학생들은 여러 번 기억하려고 노력했던 문단을 한 번 읽어보기만 한 문단보다 훨씬 많이 기억하는 걸 알게 돼, 인출 연습이 도움이 된다는 사실을 깨달을 수 있다.

버지니아 대학 심리학과 다니엘 윌링햄 교수 역시 벼락치기공부로는 학습내용을 금방 잊게 된다고 경고하며, 인출 연습처럼 주기적으로 기억하는 공부가 중요하다고 말한다.

— 시험을 위해 5시간 공부할 거라고 가정해봅시다. 시험 전날 5시간을 공부할 수도 있을 거고, 5일 동안 1시간씩 공부할 수도 있을 거예요. 벼락치기는 모든 학습시간을 시험 직전에 사용하는 거죠. 대부분 벼락치기를 장려하지 않는 것은 학습내용을 매우 짧은 기간 동안만 기억할 수 있기 때문입니다. 결국 오래 기억하려면 시간을 두고 반복하고 다시 기억해냄으로써, 기억과 지식의 약한 연결고리를 강하게 결속시켜야 합니다. 어떤 정보에 노출된 뒤 그것을 다시 떠올려보는 것만이 장기기억에 남을 수 있습니다.

: 인출 연습을 위한 쪽지시험 프로젝트

한국 학생들과 인출 연습을 해보기로 했다. 의정부 민락중학교 영어교사 세 명과 함께 2학년 학생들을 대상으로 쪽지시험 프로젝트를 실시했다. 학생들은 영어 시간마다 수업 시작 전에 쪽지시험을 먼저 보게 되는데, 쪽지시험에는 지난 시간에 배운 내용 중에서 다섯 문제가 출제된다. 아이들은 지난 시간에 배웠던 것들을 떠올리며 자신이 얼마나 잊어버렸는지 깨닫는 힘겨운 과정을 반복할 테지만, 더 많이 기억할 수 있게 될 거라는 기대감으로 시작한 실험이었다. 반년간 계속될 시험 프로젝트에 학생들이 잘 적응할 수 있을지 교사들 역시 기대 반, 걱정 반이었다.

— 시험을 매일 본다는 것에 학생들이 스트레스를 받을까 봐 걱정이 됩니다. 아이들이 자기는 많이 틀렸는데 옆에 친구는 잘 봤을 때 심리적인 부담을 느낄 것 같아요.

송혜신, 중학교 교사

— 쪽지시험 프로젝트가 정말 학습효과가 있고 아이들에게 도움이 될까 궁금해요. 저의 경험을 돌이켜보면 시험은 그냥 공포였는데, 아이들이 잘 받아들일까 걱정이 되기도 하고 호기심이 생기기도 합니다.

양혜인, 중학교 교사

쪽지시험을 치기 전에 먼저 학생들의 현재 상황을 파악하기 위해 설문조사를 실시했다. 영어 과목에 얼마나 흥미를 가지고 있는지, 스스로 영어를 얼마나 잘한다고 생각하는지, 시험에 대한 불안은 어느 정도인지 등을 파악하기 위한 설문이었다.

이어서 영어 성취도 평가를 실시했다. 학생들의 현재 영어실력이 어느 정도인지를 파악한 결과, 전체 평균은 37점으로 나왔다. 상위그룹은 약 8%로 집계됐다. 또한 학생의 약 19%가 시험 불안도가 높은 것으로 나타났다. 교사들은 학생들에게 이 쪽지시험에 대해 이렇게 설명했다.

— 지난 시간에 배웠던 단어를 얼마나 기억하고 있는지 간단히 테스트해볼 거예요. 성적에 들어가지는 않지만 최선을 다해서 봐주면 좋겠어요.

권선오, 중학교 교사

예고도 없이 불쑥 찾아온 시험. 당황할 겨를도 없이 학생들은 문제를 풀기 시작했다. 어려운 문제 앞에서 아예 시험 볼 의욕을 잃어버린 친구들도 있었다. 이런 학생들이 교사들에게도 가장 고민이다.

— 아예 시도조차 해보려고 하지 않는 아이들이 가장 어렵습니다. 그 아이들을 어떻게 참여시킬지, 어떻게 자신감을 가지고 시도하게 할지가 가장 고민입니다.

권선오, 중학교 교사

3주 정도의 시간이 지났다. 지난 시간에 배운 내용을 반복적으로 확인하면서 영어실력을 향상시키는 이번 시험 프로젝트를 아이들은 어떻게 받아들였을까.

— 쪽지시험을 왜 보는지 잘 모르겠어요. 여러 번 봐서 이제 적응은 됐지만 스트레스는 계속 받아요.

— 애초에 영어에 흥미가 없어서 쪽지시험도 그냥 찍고 자버릴 때가 많아요. 그래서 제 영어실력에 도움이 된다고 생각하진 않아요. 제가 못하는 걸 다른 사람이 알게 되는 건 정규시험만으로도 충분해서, 저는 쪽지시험을 좋아하지 않아요.

— 문장해석을 잘 못해서 쪽지시험 치는 데 오래 걸려요. 시간이 흐르면 더 나아질 거라 생각하지만 지금 제 실력으로는 어려워요.

시험이 어렵고 부담스럽기만한 아이들에게 아직은 시험의 의미가 와 닿지 않아 보였다. 그러나 실험 초반이라 드라마틱한 변화가 있진 않아도 조금씩 아이들에게 변화가 나타나지 않을까. 쪽지시험 프로젝트가 8주 차에 접어들었을 때 아이들을 다시 만나보았다.

— 처음에는 한두 문제도 맞히기가 힘들었는데 이제는 한두 문제 정도는 풀 수 있게 되었어요.

— 평소에는 자발적으로 복습을 안 하잖아요. 그런데 쪽지시험을 치니까 자연스럽게 복습을 하게 되어 좋아요.

다시, 공부 다시, 학교

— 쪽지시험을 처음 볼 때는 당황스러웠는데 자꾸 치다 보니까 익숙해지고 그다지 어렵지 않아서 할 만해요.

: 틀리는 걸 두려워하지 마라

쪽지시험 프로젝트가 의미 있는 도전이 될 수 있으려면 무엇이 필요한 것일까? 그 힌트를 얻기 위해 미국의 한 학교를 찾아갔다. 앨라배마주에 위치한 제임스 클레멘스 고등학교는 2012년에 개교한 짧은 역사에도 현재 재학생 수가 2,000여 명에 달한다. 학교의 명성이 높아진 것은 무엇보다 대학입학시험에서 우수한 성적을 내고 있기 때문이다. 이 학교는 앨라배마주에서 늘 상위권을 기록하고 있다.

이 학교에서 심리학을 가르치고 있는 블레이크 하버드 교사의 수업방식은 학생들 사이에서 성적을 높일 수 있는 최고의 방법으로 유명하다. 그의 교실에서 학생들은 수업시간마다 퀴즈를 풀어야 하는데 여기에는 규칙이 있다.

먼저 자신의 기억에 의존해서만 문제를 풀고, 그 다음에는 수업시간에 필기한 노트를 보면서 다시 문제를 푼다. 마지막 단계에서는 친구와 의논하며 함께 답을 찾을 수 있다. 하버드 교사는 학생들이 각 단계를 거치며 반복적으로 기억을 끄집어내 복습할 수 있도록 도와주었다. 학생들은 이 수업방식에 만족하고 있었다.

— 우리가 무엇을 연습해야 하는지 세 단계를 통해 알 수 있어서 도움이 돼요. 기억하는 것과 잊어버린 것을 구분할 수 있으니까 뭘 더 공부해야 하는지 세부적으로 알 수 있어서, 학습에 자신감이 생겨요.

— 저는 두 달 전 배운 것까지 세세하게 다 기억해요. 수업시간에 항상 복습하면서 다시 배우니까요. 또 그 과정을 통해 배운 것들을 연결시킬 수 있어요.

배움의 목표는 무엇인가. 우리가 어떤 지식을 필요로 할 때 그것을 머릿속에서 바로 떠올려 활용할 수 있다면 온전히 배웠다고 말할 수 있을 것이다. 마치 운동선수가 자신도 모르게 완벽한 동작을 해내는 것처럼 말이다. 그 경지에 오르는 방법은 단 하나, 끊임없는 훈련과 반복뿐이다. 블레이크 하버드 교사는 다음과 같이 말한다.

— 전 학생들에게 정보(배운 내용)를 기억해보라고 해요. 그리고 학생들이 모르는 걸 매일 수업에서 가르칩니다. 첫째, 학생들이 정보를 기억하는 데 도움이 되기 때문이고요. 둘째, 학생들이 틀리는 걸 편하게 느끼게 하기 위해서예요. 학생들은 이 과정에서 자기들이 모르는 걸 깨닫게 됩니다. '나는 지금 이걸 몰라. 그런데 지금 이걸 몰라도 괜찮아. 지금 내가 모르는 걸 알게 됐으니 내가 공부

할 때 무엇에 집중해야 할지 알았어. 이제 앞으로 공부할 때 모르는 내용을 훨씬 효율적으로 공부할 수 있어' 하고 생각하게 되는 것이죠.

그러나 이 인출 연습이 성공하기 위한 가장 근원적인 조건은 따로 있었다. 그것은 수업법이나 시험법이 아니었다. 블레이크 하버드 교사는 오랫동안 인출 연습을 가르치면서 학생들이 왜 스스로 인출을 하지 않는지를 알게 되었다. 그것은 바로 틀리기를 두려워하기 때문이다. 틀리는 것에 대한 공포 때문에 처음부터 인출하려는 노력조차 안 하는 것이다.

— 저는 학생들에게 틀리는 건 과정의 일부라고 이야기합니다. 틀렸다는 걸 아는 건 다행이에요. 생각을 바꿀 수 있으니까요. 틀리는 걸 두려워할 필요가 없는 거죠.

아이들이 시험을 싫어하는 것은, 틀리는 것이 두렵기 때문이다. 그 두려움으로 시험을 피하지만, '진짜 공부'는 틀리고 실패하는 경험과 시간으로부터 시작된다.

그렇다면 인출 연습을 통해 학습능력은 얼마나 좋아질 수 있는 걸까. 우리나라 대학생을 대상으로 실험을 해보았다. 먼저 학생들을 두 그룹으로 나눈 뒤 똑같은 동영상 강의를 보여주고, 영상내용에 대해 필기하도록 했다. 그 후 한 그룹은 필기내용을 눈으로만 읽으며 복습하도록 했고, 다른 한 그룹은 백지에 생각나는 대로 모두 적으며 복습하도록 했다. 다시 말해 '반복 읽기'와 '인출하기' 방법으로 각각 공부하게 한 것이다.

복습을 마친 후 학생들에게 실험이 끝났다고 알렸다. 하지만 진짜 실험은 일주일 후에 시작됐다. 아무런 예고 없이 시험을 친 것이다. 학생들은 일주일 전 강의내용을 얼마나 기억하고 있을까. 시험 결과 반복 읽기 그룹은 평균 53점, 인출하기 그룹은 평균 61점으로 인출하기 방법이 더 좋은 학습결과를 만든다는 것을 알 수 있었다.

—　70%는 생각날 줄 알았는데 실제 생각난 건 30%밖에 안 됐어요. 머릿속에 있는데 안 꺼내지니까 답답했어요. 생각보다 기억이 안 나서 당황했습니다.

　　　　　　　　　　　　　　　　　　　　　　　　반복 읽기 그룹 학생

—　제가 스스로 공부할 때는 인출 방법을 잘 안 썼어요. 괴롭고 어려운 방법이니까요. 그런데 이번에 백지에 쓰면서 저절로 암기되는

부분이 많다는 걸 깨달았어요.

인출하기 그룹 학생

— 프로세스를 이해하는 과정이 기억나서 문제를 풀 수 있었어요. 손으로 직접 쓰면서 상기하는 작업을 했던 게 도움이 됐어요.

인출하기 그룹 학생

미국 UCLA에서 심리학을 가르치는 로버트 비욕과 엘리자베스 비욕 교수, 부부인 두 사람은 '인출 연습과 학습의 상관관계'를 오랫동안 연구해왔다. 이들이 학생들에게 강조하는 것은 인출을 할 때 느끼는 어려움이 오히려 학습에 도움이 된다는 것이다. 두 교수는 이것을 '바람직한 어려움'이라고 불렀다.

— 바람직한 어려움이 의미하는 바는 수업과 배움의 과정에서 학습자한테 도전이 될 만한 것이 필요하다는 것입니다. 뭔가가 어렵게 느껴지기 시작하면 좋은 징조로 받아들여야 합니다. 그 말은 조금 더 열심히 노력해야 한다는 것을 의미하죠. 학습을 향상시킬 수 있는 무언가를 해야 한다는 거예요. 너무 쉽게 느껴진다면 아무것도 새로 배울 수 없어요.

엘리자베스 비욕, 심리학 교수

—　효과적으로 학습을 하고 조금 더 높은 점수를 받고 싶다면 적게 입력하고 더 많이 출력해야 해요. 같은 걸 계속해서 읽는 데 시간을 보내지 마세요. 도서관에 앉아서 일종의 녹음기처럼 자료를 살펴보는 건 인간의 학습기억이 작동하는 방식이 아닙니다.

로버트 비욕, 심리학 교수

어려움이 학습에 도움이 된다는 것을 뇌의 변화로 확인해보기로 했다. 한 그룹은 반복 읽기 방식으로, 다른 한 그룹은 인출하기 방식으로 각각 학습을 하면서 뇌의 활동과 산소포화도를 측정했다. 반복 읽기 그룹의 뇌에서는 적극적인 활동을 나타내는 붉은색이 거의 없었지만, 인출하기 그룹에서는 상대적으로 붉은색이 더 많이 나타났다. 이것은 뇌가 더 활성화된 상태라는 걸 의미한다. 이 뇌의 활동상태를 어떻게 설명할 수 있을까. 이승환 인제대학교 정신건강의학과 교수는 이렇게 설명한다.

—　너무 편안한 상태에서 긴장도가 없으면 학습이 일어날 수 없습니다. 적절한 긴장도를 유지하는 것이 좋은데, 이번 실험에서는 단순히 반복 읽기를 했을 때보다 인출 활동을 했을 때 스트레스나 긴장도가 더 많이 올라가는 것을 알 수 있었습니다. '긴장도를 얼마나 적절한 수준으로 유지할 수 있느냐'가 학습과 관련된 능력에서 굉장히 중요한 요인이 될 거라고 생각합니다.

이승환, 인제대학교 정신건강의학과 교수

다시, 공부 다시, 학교

:   머릿속에서 꺼내볼수록 공부를 잘하게 된다

쪽지시험 프로젝트가 진행되는 민락중학교를 다시 찾았다. 그사이 여름방학이 끝나고 2학기가 시작되었다. 이제 아이들은 수업이 시작되면 책을 덮고 선생님을 기다릴 정도로 쪽지시험 보는 것에 많이 익숙해졌다.

그동안 열심히 따라와준 아이들이 한 단계 더 발전할 수 있도록 2학기부터는 학생들이 틀린 문제를 스스로 분석해보고 다시 복습할 수 있는 시간을 만들어주기로 했다. 매 시험마다 성찰일지에 스스로 시험 결과를 분석하고 기록하면서, 어떤 문제를 왜 틀렸는지 알게 해 부족한 점을 깨닫게 하기 위해서였다. 교사들도 시험 결과에 대해 좀 더 적극적으로 피드백을 주기로 했다.

지난 시간에 배운 내용을 머릿속에서 꺼내보는 과정이 공부를 잘하게 되는 비결이라는 걸 아이들도 이제 알게 되었을까.

— 틀린 이유에 대해 쓰는 게 도움이 돼요. 쓰지 않으면 그냥 틀렸구나 하고 넘어갈 텐데, 쓰는 과정을 거치니까 곰곰이 생각하게 되어서 좋아요. 또 1학기 때와 다르게 매번 성적을 점으로 표시해 그래프를 만들고 있거든요. 그래프를 보면서 '이번에는 이걸 알아서 성적이 올라갔구나' 하고 스스로를 분석할 수 있게 됐어요.

— 헷갈리는 유형도 계속 확인하다 보니까 이제는 헷갈리지 않아요.

'아는 만큼 보인다'라는 말이 있잖아요. 그 말처럼 아니까 재밌어요. 성적 그래프가 올라가고 있는 것도 좋고요. 점수가 점점 높아지니까 흥미가 생겼어요.

대체 시험을 왜 보는 거냐고 반문했던 아이들이 조금씩 달라지고 있었다. 내가 무엇을 모르는지 다시 틀리지 않으려면 어떻게 해야 하는지, 아이들은 스스로 질문하고 그 답을 찾아가고 있었다.

학생들이 성찰일지를 쓰기 시작하면서 교사들도 아이들이 무엇을 어려워하는지 꼼꼼히 읽어보고 일일이 피드백을 남겼다. 그러면서 아이들의 생각을 더 많이 알게 되었다. 성찰일지는 교사에게도 좋은 자료가 되었다. 무엇을 더 가르쳐야 하는지 어떤 피드백을 줘야 하는지, 성찰일지를 통해 답을 찾을 수 있었다. 무엇보다 시험을 어려워하는 아이들이 쪽지시험과 성찰일지를 통해 조금이라도 성장할 수 있으리라는 희망을 갖게 되었다.

— 피드백을 하나하나 하는 게 힘들기도 하지만, 아이들이 "열심히 할게요" "어렵기도 하지만 재미있어요" 하고 쓴 걸 보면 뿌듯합니다. 쪽지시험을 치면서 아이들이 시간을 쪼개서 공부할 게 많아진 건데도 잘 따라와주고 있어요.

송혜신, 중학교 교사

— 시험만 딱 치면 결과만 보게 되잖아요. 그런데 성찰일지를 보면서 설령 결과가 좋지 않더라도 아이가 지금 열심히 하고 있다는 걸 알게 될 때가 많아요. 그럴 때 뭉클하더라고요. 그래서 아이들에게 피드백을 더 많이 주려고 노력하고 있습니다.

권선오, 중학교 교사

시험 프로젝트의 마지막 날. 교사들은 학생 한명 한명에게 틀린 문제를 다시 설명해주고, 더 공부해야 할 부분도 가르쳐주었다. 지난 반 년의 여정이 만들어낸 변화를 아이들은 어떻게 생각하고 있을까.

— 제 실력이 더 나아지려면 공부를 더 해야 되겠다는 생각이 많이 들고요. 노력하면 된다는 걸 알게 되었어요.

— 예전에 영어를 못했을 때는 영어가 제일 싫어하는 과목, 보기도 싫은 과목이었는데 쪽지시험을 치면서 조금씩 공부하다 보니까 쉬워지고 많이 좋아졌어요.

— 1학기 때에 비해서 지금은 영어성적이 꽤 높아졌어요. 성적 그래프를 보면 스스로 많이 컸다 싶어요.

쪽지시험 프로젝트는 교사와 학생이 시험을 어떻게 바라보고 어

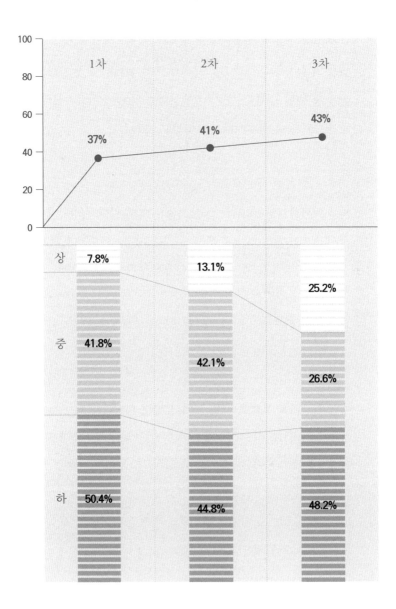

학업성취 변화

떻게 활용해야 하는지, 그 답을 찾기 위한 과정이었다. 쪽지시험 프로젝트가 어떤 답을 보여줬을지 확인하기 위해 마지막 성취도 평가와 설문조사를 실시했다.

이 조사를 상위그룹, 중위그룹, 하위그룹으로 나누어 상세하게 살펴보았다. 평가 결과 학업성취도는 지속적으로 상승세를 보였고, 상위그룹이 크게 늘고 하위그룹은 줄어드는 의미 있는 변화도 나타났다.

시험 불안도 감소하는 경향을 보였는데 특히 불안도가 높았던 그룹의 비율이 확 떨어졌다. 이는 시험 스트레스를 어떻게 줄일 수 있을지에 대한 힌트를 보여주는 결과가 아닐 수 없다. 신종호 서울대학교 교육학과 교수는 이렇게 설명한다.

— 시험도 나에게 긍정적으로 도움이 될 수 있는 학습의 과정이라고 생각하면 오히려 시험 불안도 줄어들고 스트레스도 줄어든다는 걸 이번 연구를 통해서 확인할 수 있었습니다. 우리가 시험을 통해서 내가 뭘 알고 있고 모르고 있는지, 더 깊이 생각하면서 공부할 수 있는 기회를 갖는 것은 공부방법으로써 상당히 중요합니다.

신종호, 서울대학교 교육학과 교수

이외에도 시험이 공부에 도움이 된다고 믿는 학생들의 경우 교과목에 대한 흥미가 더 높아졌고, 스스로 영어를 잘한다고 판단하는 '자기효능감'도 크게 높아졌다. 시험에 대해 긍정적으로 인식하는 게 얼마나

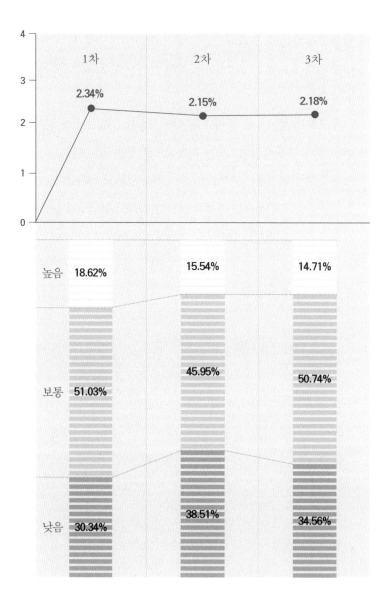

시험 불안 변화

중요한가를 보여주는 결과였다.

　　민락중학교 영어교사들은 2학년 학생들과 함께한 프로젝트로 알게 된 시험효과를 확산시켜가고 있었다. 1학년 아이들에게도 학력수준 저하가 일어나지 않도록 '성적에는 안 들어가는 형성평가'를 매 단원마다 치게 한 것이다.

—　쪽지시험 프로젝트 기간은 교사와 학생이 함께 성장하는 시간이었어요. 교사들은 아이들의 입장과 수준을 이해하려고 힘썼습니다. 거기에 맞춰 목표 단계, 교수법 등을 개선하려고 노력했고, 그 과정에서 교사들도 크게 성장하고 좀 더 깊게 성찰하게 되었습니다.

권선오, 중학교 교사

—　쪽지시험 프로젝트의 가장 큰 성과는 시험에 대한 거부감을 없앤 것이라고 생각합니다. 프로젝트가 진행될수록 아이들은 시험 스트레스를 받기보다는 자기 자신이 설정한 목표에 다가가기 위해 시험을 활용하는 쪽으로 시험에 대한 관점이 바뀌어갔어요.

송혜신, 중학교 교사

: 시험의 궁극적 목표

시험이 인출 연습을 위한 효과적인 방법이라면, 시험을 긍정하는 방식으로 사고해야 하지 않을까. 리사 손 교수는 시험은 궁극적으로 '학습을 돕기 위한 행위'라는 관점으로 다시 돌아가자고 했다.

— 학생들은 시험을 무서운 것, 스트레스를 주는 것, 실수하면 안 되는 것으로 인식하고 있어요. 이는 시험이 나와 타인을 비교하는 실력 테스트로 변모했기 때문입니다. 시험의 정의가 달라지니 목표도 달라진 거예요. 시험은 원래 실수를 점검하기 위한 과정인데, 우리 사회는 언제부턴가 시험에서 실수하는 걸 용납하지 않게 된 거죠. 실수가 허락되지 않는 환경은 긴장을 불러오고, 극도로 긴장한 상태에서는 그 누구도 제대로 된 판단을 할 수 없습니다. 그런데도 단순히 성적만으로 아이들의 노력을 평가합니다. 이것이 현재 시험이 가지고 있는 첫 번째 문제입니다.

이제 시험을 무섭고 싫은 '평가'라고 여길 게 아니라, '배움과 성장을 위한 과정'으로 관점을 바꾸어 바라봐야 한다. '에듀쿠스'(경남지역 초등학교 교사들의 모임)는 자신들의 책 『교사 수준 교육과정』에서 시험이 배움과 유리된 평가가 아닌 과정 중심 평가로 나아가야 한다고 말한다. 이것은 교육에서 '시험'의 궁극적인 역할을 알려준다.

다시, 공부 다시, 학교

배운 것을 확인하고 더 나은 배움으로 나아가기 위한 평가가 아닌 결과, 점수, 순위, 선발을 위한 평가가 이루어지고 있다. 평가가 목적이 되고 오히려 배움은 수단이 되어버린 것이다. 함께 배움을 키워나갈 수 있는 교실을 만들기 위한 첫 번째 시도가 과정 중심 평가다. 교육에 있어 평가가 전부는 아니지만, 그 성취 정도를 확인하고 피드백하는 측면에서 평가는 매우 중요한 요소다. 나의 어려움을 해소하고 나를 더 성장시킬 수 있는 것으로 평가를 인식하기 시작한다면 기존의 학교 교육에 대한 부정적인 감정도 크게 감소할 것이다.

평가의 목적은 경쟁에서 이기는 것이 아니라 각 개인이 이루는 성취를 촉진하는 것이다. 평가는 수업과 분리된 활동이 아니라 수업 속에서 각자의 배움에 대한 이해를 돕고, 친구들과 의견을 나누고 자신의 주장을 펼치고 문제를 해결하는 모든 순간 속에서 함께 호흡하고 있다.

앎과 삶의 관계처럼 배움과 평가는 끊임없는 순환구조다. 하나의 배움을 얻기 위하여 다양한 방식으로 학습하며, 평가는 학습의 과정에서 결과를 바탕으로 부족한 부분을 채우거나 더 나은 발전의 과정으로 나아갈 수 있도록 돕는 역할을 한다. 평가를 통하여 학습을 할 수도 있고, 평가를 통하여 우리의 앎을 확인할 수도 있으며, 평가를 통하여 더 나은 삶을 향해 나아갈 수도 있다.

우리의 삶을 지배해왔던 부정적인 이미지 대신, 배움의 한 과정

속에서 이루어지는 더 나은 앎을 위한 과정으로 평가를 재인식할 때 목적으로서의 평가가 아닌, 수단으로서의 평가가 자리 잡을 수 있을 것이다.

3 창의적 인재는 교육으로 길러질 수 있는가

창의성 교육에 대한 오해와 거짓

: 우리 교육은 창의적인 사람을 선호하는가

'창의적 인재' 양성. 이것은 우리 교육이 1960년대부터 줄곧 추구해온 목표다. '학교'라는 세계를 지배해온 틀인 '입시'라는 획일화된 목표를 향해 학생들을 경쟁으로 내몰면서도 겉으로는 언제나 '창의성'을 강조해왔다. 그리고 해를 거듭할수록 창의적 인재에 대한 필요성은 더욱 높아지고 있다. 이제는 누가 더 빨리 정답을 외워 맞히느냐가 아니라, 의미 있는 문제를 발견하고 그것을 다양한 시각과 시도로 풀면서 가장 적합한 해답을 찾아나서는 문제 해결력이 중요해진 세상이다. 여기에는 급격한 기술의 발전도 중요한 요인으로 작용한다.

— 우리 학생들이 급변하는 세상의 변화에 잘 적응할 수 있도록 그 어느 때보다 창의적 역량이 중요해진 세상이 아닌가 합니다. 우

1부 공부에 대해 다시 생각하다

리 때만 해도 옆집아이와만 경쟁해서 잘하면 됐는데, 이제 기계와 경쟁해야 하는 세상에 살게 되었어요. 그러니 더더욱 기계가 갖지 못하는 인간만의 특장점이 중요한데, 그러한 측면에서 창의성에 대한 욕구가 중요해지고 있죠. 호기심과 아이디어가 많은 친구들에 대한 필요성은 지금도 크지만 앞으로는 더 중요해지지 않을까 합니다. 교실 현장에서 그런 부분에 대한 변화가 의미 있게 되고 있는지 고민해볼 필요가 있습니다.

한기순, 한국창의력교육 학회장·인천대학교 교수

우리 교실에서도 물론 많은 교사들이 창의성 교육을 위해 노력하고 있다. 브레인스토밍을 비롯하여 학생 주도의 거꾸로 수업, 수행평가, 토론하고 발표하기 등 학생들의 창의성을 향상시키기 위해 다양한 활동을 시도한다. 그렇다면 창의성 교육은 성공적으로 이루어지고 있을까. 학생들에게 스스로 창의적이라고 생각하는지 물어보면 어떻게 답할까.

— 잔머리 있다는 말만 많이 들어봤는데, 창의성이랑은…….

— 창의적이라기보다 4차원적인 것 같아요. 새로운 생각을 한다기보다는 이상한 생각을 하는 것 같아요.

— 저는 상상하는 게 많기는 한데 '창의적'인 건 아닌 것 같아요.

다시, 공부 다시, 학교

그토록 오랜 기간 창의적 인재 양성을 강조해왔음에도 학생들은 왜 스스로를 창의적이라고 생각하지 않을까? 창의성 교육이 잘되고 있지 않은 걸까?

EBS와 한국리서치가 진행한 「2019 학교진단조사」에 따르면 25.6%의 교사들이 창의성 교육을 항상 하고 있으며 시도한 적이 있는 경우도 65.4%에 이른다. 반면 창의성을 어떻게 길러줘야 할지 방법을 모르겠다는 교사들도 적지 않다(24.5%). 또한 예술(미술 29.1%)이나 과학(26.5%) 등 몇몇 특정 과목에 창의성 교육이 치우쳐 있는 실정이기도 하다.

이런 상황을 반영하듯 캐나다 토론토 대학교 마틴경제발전연구소의 '글로벌 창의성 지수Global Craetivity Inedx, GCI'에서 한국은 2017년 기준 27위를 차지했다. 마틴경제발전연구소를 이끄는 리처드 플로리다 교수는 창의성을 각 나라의 생산성과 혁신성을 가늠하는 지표로 꼽았다. 그는 '사회 관용성tolerance'이 높은 지역에 '창조적 재능talent'을 가진 사람들이 모여들어 '기술혁신technology'이 일어난다는 '경제발전의 3T 이론'을 창안했다. 이에 각 나라의 3T를 점수로 매겨 종합한 창의성 지수를 발표해왔다.

한국은 3T 중 기술 부문에서는 1, 2위를 다투지만 사회 관용성과 창조적 재능 부문에서는 하위권에 머물렀다. 한기순 교수는 사회 관용성 지수가 낮다는 것은 창의적 풍토와 관련해서 고민해봐야 할 문제라고 조언한다.

이와 관련하여 에릭 웨스비Erik L. Westby의 창의성 연구가 실마리를 줄 듯합니다. "교실에서 창의성은 자산일까 짐일까"에 대한 연구결과를 보면 교사들은 창의성이 중요하고 필요하다고 이야기는 하지만, 실제로 창의적인 아동을 그렇게 선호하지 않는다고 해요. 즉 창의적인 학생이 자기 반보다는 옆 반에 있으면 좋겠고, 자기 학생들은 말 잘 듣고 순종하며 질문하지 않는 것을 선호한다는 거죠. 그렇다면 우리나라 교실은 어떨까요? 생각해볼 필요가 있겠죠. 어찌 보면 기술혁신은 비교적 단기간 노력으로 변화가 가능해요. 하지만 사회 관용성이나 창조적 재능은 풍토를 조성해야 하는 문제입니다. 단기간에 변화하기 쉽지 않죠. 창의성을 중시하고 '나'와 '다른 사람'에 대한 인내를 요구하는 부분입니다.

창의적인 아동을 학교에서 선호하지 않는다면, 어떻게 교실에서 창의적 풍토를 만들어낼 수 있을까. 그 전에 '창의성'이란 정확히 무엇이며 교실 안에서 길러질 수 있는지, 있다면 어떻게 효과적으로 향상시킬 수 있는지부터 살펴보자.

창의성은 연습과 질문에 달려 있다

세상에는 정해진 많은 규칙들이 있다. 그리고 그 규칙을 깨는 사람들이 있다. 재즈 연주자들이 그렇다. 그들의 연주는 할 때마다 다르다. 어떤 때는 정박자로 연주하다가 또 다른 때는 엇박자로 연주한다. 이렇게 자유롭고 즉흥적으로 흐르는 연주를, 재즈 연주자들은 '방향을 튼다'고 표현하고 사람들은 '창의적'이라고 말한다. 재즈를 연주하는 창의적인 순간, 연주자들의 머릿속이 궁금해진다.

색소폰 연주자인 찰스 림 박사는 한국계 이민 2세다. 전 세계가 주목하는 의사이자 신경과학자이기도 하다. 하버드 의대 재학 시절 레스토랑에서 파트타임으로 재즈를 연주했다.

— 저는 평생토록 뮤지션이 되고 싶었지만 그럴 만한 용기가 없었죠. 결국 많은 고민 끝에 의학 분야의 직업을 선택했습니다. 의사가 되어 청각연구를 시작했고, 음악이 복잡한 소리를 이해하는 하나의 방법이 되었어요. 그렇게 청각전문의가 될 수 있었고 많은 음악인을 치료했습니다. 그리고 뇌가 어떻게 음악을 처리하는지 연구해야겠다고 생각했죠.

찰스 림 박사는 즉흥적으로 재즈를 연주할 때 뇌에서 무슨 일이 일어나는지 연구했다. fMRI용(기능적 자기공명영상) 특수건반까지 제작했다. 창의성이 발현되는 순간, 우리의 뇌에서는 감정과 인지에 영향을 주는 내측 전전두엽 피질이 활성화되고, 반면에 통제와 계획을 담당하는 부분은 휴면상태가 된다.

— 사람과 동물을 구분짓는 것은 뇌의 전두엽 피질이라고 합니다. 가장 큰 차이점이죠. 그래서 인간의 창의성을 대표하는 뇌의 한 부분을 꼽자면 모든 것을 총괄하는 이 전두엽 피질일 겁니다. 뇌의 모든 부분과 연관되어 지식을 습득하고, 정보를 내보내고 감정을 처리합니다. 모든 일을 제대로 해낼 수 있도록 말이죠.

즉흥연주를 하는 순간, 뇌는 '기타 코드'라는 지식을 활용해서 새로운 연주를 만들어낸다. 우리가 일상에서 나누는 대화도 같은 식으로 이해할 수 있다.

— 다른 사람과 대화하기 위해서 그 대화를 암기하거나 미리 준비하는 사람은 드물죠. 대부분 즉흥적으로 소통을 합니다. 관습, 문화, 단어 등 특정한 규칙이 있기는 하지만 기본적으로 대화는 즉석에서 이루어지잖아요. 완전히 똑같은 대화가 반복되지는 않습니다. 한 대화가 끝나면 다른 대화를 하고 이 과정을 평생 하는 거죠.

대화를 하는 것이 남다른 능력이 아니듯 창의성도 특별한 재능이 아니다. 누구나 창의적일 수 있다. 그 핵심은 '연습', 즉 뇌를 훈련시키는 것이다. 찰스 림 박사는 자신을 재즈에 빠지게 하고 창의성에 관심을 갖게 만든 미국의 천재 작곡가 존 콜트레인John Coltrane을 비롯하여 수많은 천재 연주자들도 늘 연습을 한다는 점에 주목해야 한다고 말한다. 즉 뇌는 훈련받고 교육받으면 생각하는 방식 자체를 뒤집을 수 있다는 것이다.

— 뇌가 창의적 수행을 할 수 있도록 훈련 가능하다는 것이 제 연구를 통해 밝혀졌죠. 재즈 음악가들은 복잡한 음악의 구조와 실용적인 이론을 많이 알고 있습니다. 즉흥연주가 가능한 연주자 대부분은 전문연주자예요. 연습도 많이 하고 음계와 화성에 대해서도 잘 알고 특정한 패턴의 연주도 많이 해왔을 겁니다.

스스로 창의적이지 않다고 생각하는 학생들과 높은 수준을 가진 연주자의 차이는, 아마 뇌의 전두엽 피질 부분을 얼마나 훈련했느냐에 달려 있을 거예요. '창의성은 타고나는 것이다'라는 생각은 잘못된 겁니다. 그건 세상뿐만 아니라 인간의 발달에 대해서도 너무 단순하게 생각한 겁니다.

평생 창의성을 연구해온 헝가리 출신의 석학 미하이 칙센트미하이 박사 또한 "누구나 창의적인 사람이 될 수 있다"고 말한다. 그는 30여 년 동안 창의적 인물 100여 명을 연구하면서 창의적인 사람이라고 해서 일반인과 특별히 다르지 않다는 결론을 내렸다.

— 제가 인터뷰한 창의적인 사람 중에는 불우한 가정에서 자라 교육을 잘 받지 못한 사람도 있었어요. 하지만 항상 '왜 이런 일이 일어나는 거지?' 하고 주위에서 일어나는 문제들에 꾸준히 관심을

가졌습니다. 모르는 것은 주변 사람들에게 물어보기도 하고, 모두 모르겠다며 아무도 대답하지 못해도 그냥 지나치지 않고 '난 이게 흥미로우니까 답을 찾아내보자' 하고 끈기 있게 답을 찾으려 했어요. 그렇게 답을 찾으러 가는 길에 많은 걸 배우는 거죠. 천장에 매달려 흔들리는 램프를 관찰하면서 진자의 등시성을 발견한 갈릴레오나 중력을 발견한 뉴턴도 아무도 설명하지 못한 문제를 마주했고 왜 이런 일이 생기는지 궁금해했어요.

아이들이 새로운 것을 빠르게 배워나가듯이 평범한 사람들도 창의성을 배울 수 있다. 하지만 보통은 어른이 되어갈수록 필요한 것만 배우고 멈춰버린다. 칙센트미하이 박사는 창의적인 사람들은 마치 어린아이와 같아 나이가 들어도 "왜 이런 일이 생기지? 원리가 뭐지?" 하고 항상 질문하며, 새로운 것을 배우고 궁금증을 가진다고 강조한다. 그는 창의적 인물들에게 '창의성이 발현된 순간'에도 주목했다. 대표적인 것이 양자역학을 정립한 덴마크 물리학자 닐스 보어에 관한 이야기이다.

― 닐스 보어의 이야기를 해보죠. 어느 날 아들과 낚시를 했는데 아들이 물고기를 끌어올리다가 물에 빠졌어요. 이 사건으로 닐스 보어는 매우 놀랐습니다. '모든 것이 어떻게 얽혀 있기에 이런 일이 생길까?' 그의 뇌 속에서는 '시간과 우연'의 관계가 궁금해졌죠. 결과적으로 아무 일도 안 일어났지만 어쩌면 아들이 익사할 수도

있었으니까요. 그 사건을 계기로 닐스 보어는 구체적인 이론으로 발전시켜나갔어요.

칙센트미하이 박사가 30년에 걸친 연구를 통해 내린 결론은 무엇일까. '창의성이란 문제를 발견하고 해결책을 찾는 것'이며 이를 위해서는 '지식'과 '몰입'이 중요하다는 것이다. 즉 지식이 있어야 문제를 발견할 수 있고 그 문제에 몰입할 줄 알아야 해결할 수 있다. 이것은 곧 학교에서 창의성 교육이 필요한 이유이기도 하다.

:　　일반적인 창의성이란 없다.

창의성 분야의 세계적 석학인 미국 라이더 대학교 존 베어 교수에게 창의적 인재상에 대해 물었다. 그는 우선 '창의적 인재'라는 개념 자체가 너무 모호하다고 지적한다.

—　'창의적인 학생'이라는 건 학생이 전문가라고 말하는 것과 같아요. 무엇에 대해 전문가라는 거죠? 물리학, 혹은 셰익스피어에 대한 전문가가 있듯이 일반적인 전문가가 아니라 '특정 분야'의 전문가로 세분화해야 합니다. 사람들이 말하는 일반적인 '창의성'이란 존재하지 않습니다. 공학, 철학, 역사 등 아무 분야에나 갖다

붙이면 되는 게 아니에요. 창의성은 매우 '영역 특수적'입니다. 일반적인 창의성이라는 건 없어요. 한 영역에서 창의적이라고 해서 다른 영역에서도 창의적인 것은 아닙니다.

존 베어 교수는 기타를 좋아하지만 자신이 음악 영역에서 창의적이라고 생각하지는 않는다. 하지만 인문학 분야에서는 대단한 창의성을 발휘해왔다. 특정한 영역에서 발휘되는 창의성, 즉 '영역 특수적 창의성'이야말로 창의성 교육의 핵심이다. 그렇다면 자신이 어떤 일에 더 창의적인지를 어떻게 알 수 있을까.

—   학생들은 재미있는 일을 시도해볼 수 있도록 다양한 지식을 배워야 합니다. 중학교 때 종이비행기를 날리는 대회에 참가한 적이 있어요. 그때 '비행역학'에 대한 지식이 있었더라면 더 멀리 비행기를 날릴 수 있었을 겁니다. 흥미로운 일을 하려면 많은 것을 알아야 해요. 그전에 어떤 일이 있었는지 먼저 알아야 하죠. 아니면 이미 있었던 일을 반복할 테니까요. 예를 들어 창의적인 시를 쓰고 싶다고 가정해봅시다. 시에는 여러 종류가 있어요. 그걸 모른다면 어떻게 활용하겠어요? 시 쓰기가 어떻게 이루어지는지 그 방법도 배워야 하죠. 유사하게 들리는 단어는 무엇이고 같은 소리를 내는 단어는 무엇인지, 어떻게 시를 구성하고 문장부호를 사용하는지 등 그 기법에 대해서도 배워야 하고요.

그는 이를 실험으로 증명했다. 한 반에서는 일상적인 문학 수업을 진행하고 다른 반에서는 시를 쓰는 연습을 했다. 하루 1시간씩 일주일에 두 번, 4주 동안 시 쓰는 법을 연습시킨 후 두 반 학생들에게 시와 소설을 써보게 했다. 예상대로 시 수업을 받은 학생들의 작품이 훨씬 창의적이었지만, 소설에서는 유의미한 차이가 없었다.

— 소설 쓰기에서의 창의성을 키우는 훈련이 아니었기 때문이죠. 시 쓰기와 소설 쓰기에서의 창의성 훈련은 서로 다른 종류의 훈련인 겁니다. 그래서 특정 분야의 문제 해결을 위한 창의성 훈련을 할 수는 있지만 다른 분야로 옮겨가지는 않습니다. 학생들이 역사를 공부했다고 해서 물리나 대수학에 대한 지식이 쌓이는 게 아니니까요.

존 베어 교수의 이 실험은 학교에서의 창의성 교육에 시사하는 바가 크다. 즉 창의성은 수업을 통해 길러질 수 있다는 것이다. 그리고 과목별 특성을 고려해서 영역 특수적 창의성을 기르는 것이 교육적 효과가 크다.

— 단순히 가르치는 것이 능사가 아닙니다. 영역별로 달라야 하죠. 창의성도 마찬가지예요. 영역 특수적으로 작용한다는 것을 기억해야 합니다. 각각의 영역에서 학생들을 격려하고 활용방법을 가

르치며 창의적일 수 있도록 도와야 합니다. 공교육에서 할 수 있는 첫 번째는 '생각의 전환'을 연습시키는 거예요. 브레인스토밍이 여러 방법 중 하나입니다. 다양하고 많은 아이디어를 낼 수 있도록 도와줄 수 있을 거예요. 두 번째는 창의성을 '가치 있게' 여기는 겁니다.

:   창의성은 어떻게 평가할 수 있나

존 베어 교수는 창의성을 평가하는 방법도 중요하다고 말한다. 그는 "창의성은 영역 특수적이라서 평가도 영역별로 해야 한다"고 강조한다. 즉 일반적인 창의성이 존재하지 않기 때문에 일반적인 창의성 평가도 불가능하다는 것이다. 그렇다면 창의성은 어떻게 평가해야 할까. 그 해답을 찾아 미국 뉴햄프셔주에 위치한 틸튼 스쿨을 찾았다.

대학 입시반인 맥스는 성적관리에도 신경을 쓰지만 학생회와 미식축구 등 다른 활동에도 관심이 많다. 일주일에 두 번 맥스는 선생님의 수업보조원으로 1학년 수업에 참여한다. 신입생들이 겪을 시행착오를 돕고 싶어서 스스로 지원했다. 맥스는 자신이 무엇을 할 수 있는지에 관심이 많다.

—   교실에서 받는 학점 외에 또 다른 재능을 보여줄 수 있다는 점이

좋았어요. 교실 밖에서도 하는 것들이 많으니까요. 대학에서 저를 뽑을 때 고등학교 성적표에 B나 A라고 적힌 것만 보는 게 싫었거든요. '새로운 성적표'가 그런 방식의 평가보다 저를 더 잘 보여줄 거라고 생각했죠. 제 삶은 교실에 있는 6시간만 있는 게 아니잖아요. 학생회도 하고 스포츠도 하고요. 친구들과의, 선생님들과의, 기숙사에서의, 학교 밖에서의 저를 소개할 수 있을 테니까요.

맥스가 말하는 '새로운 성적표'란 무엇일까. 틸튼 스쿨에서는 끊임없이 변화하는 세계에서 성공하기 위해 필요한 다섯 가지 핵심역량Essential Skill을 선정했다. 그리고 이 다섯 가지 항목을 통해 학생들을 교육한다. '마음습관Mindfulness, 의사소통Communication, 창의적 개입Creative Engagement, 비판적 사고와 의사 결정Critical Thinking & Decision Making, 혁신과 발상 전환 Innovation & Design Thinking'이 그것이다.

창의성 전문가들에 따르면 '자발적 동기'는 창의성의 중요한 요소다. 이를 위해서는 평가 방식도 중요했다. 교사들은 창의성처럼 점수로 나타낼 수 없는 역량을 평가할 방법이 필요했다. 그래서 기존의 평가 방법 외에 새로운 평가를 추가로 도입했다. 추가된 '새로운 성적표'에는 과목이나 등수가 없다. 대신 '소통 능력'을 비롯해서 학생의 다양한 능력을 평가한다. 창의성을 평가하는 '창의적 수행력'도 포함되어 있다. 틸튼 스쿨의 새로운 성적표를 총괄적으로 담당하는 섀넌 파커 교사는 성적 중심

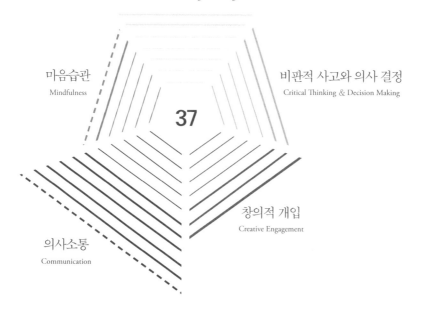

혁신과 발상 전환
Innovation & Design Thinking

마음습관
Mindfulness

비판적 사고와 의사 결정
Critical Thinking & Decision Making

37

창의적 개입
Creative Engagement

의사소통
Communication

틸튼 스쿨 성적표

의 성적표에 의문을 제기한다.

— 기존의 성적표는 학생의 가장 중요한 부분을 평가하지 못한다는
것을 깨달았어요. 학생들은 A를 받으라는 말만 듣고 자라왔으니
까요. 성적표에 피드백은 없었죠. 왜 "넌 낙제야" 혹은 "넌 A야"라
고 할까요? A가 다 안다는 뜻이 아니고 F가 정말 실패했다는 뜻이
아니잖아요. 학생 스스로 '정말 좋아, 더 공부해야지' 혹은 '아, 이
거 정말 어려운데, 도움이 필요해'라고 느낄 수 있는 피드백이 필
요한 거죠.

창의성 평가에서 피드백을 중요하게 보는 이유는 무엇일까. 창의
적 수행력을 평가할 때 중요한 요소는 '실패에 도전하는 것'이다. 피드백
은 바로 이 도전을 강화시킨다.

— "시험에 일곱 번 실패했지만, 결국 성공했어요"와 같은 거죠. 제
평가가 도움이 된 거예요. "처음엔 이 부분을 이해하지 못했지만
노력하고, 노력하고, 또 노력해서 이해했어요"처럼요. 창의성은
다르게 시도하는 것뿐만 아니라 끝까지 재도전하는 것이라고 생
각해요. 학생들이 사신을 측정하기 위한 확실한 방법이죠. 그렇게
꼭 필요한 것을 배우게 되는 거예요.

학생이 자발적으로 실패의 원인을 찾아 극복하는 과정은 문제를 발견하고 해결하는 능력, 즉 창의성의 중요한 토대가 된다. 새년 파커 교사는 이렇게 말한다.

— 학생들이 어른의 말을 듣는 것은 쉽습니다. 하지만 스스로 방법을 찾을 수 있도록 가르쳐야 하죠. 그리고 창의적인 시선을 갖는 방법도요. 학생들은 세상을 바꾸는 사람들이자 지도자가 될 거고, 그 새로운 세상을 살아가게 될 테니까요. 변화하는 세상에 적응할 수 있도록 준비시켜야 하기 때문이죠. 어떻게 도울 수 있을까요? 학생들에게 앞으로 일어날 모든 일을 알려줄 수는 없어요. 일어나는 일들을 스스로 받아들이고 자기 생각을 내놓을 수 있어야 합니다. 이것은 많은 학생들에게 새로운 능력이 될 거예요.

: 창의성 교육은 암기 과목에서도 발현된다

한기순 교수는 영역 특수적 창의성을 기르기 위해서는 교과 영역별로 특성에 맞는 창의성 교육방법이 필요하다고 조언한다.

— 예전에는 창의성을 확산적 사고 중심의 '영역 일반적 창의성'으로 이해해왔던 것 같아요. 최근에는 창의성의 개념이나 개발과 같

은 것들이 영역 특수적으로 교과 영역에 따라 다르게 이해되어야 한다는 게 하나의 큰 흐름이라고 말씀드릴 수 있고요. 수학 영역에서의 창의성과 과학 영역에서의 창의성과 언어 영역에서의 창의성은 굉장히 차이가 클 수 있기 때문에 이런 교과별로 창의성을 이해해야 한다는 움직임이 일어나고 있습니다. 교실에서 교과 영역의 창의성을 각각 이해하려는 연구와 준비, 이런 부분들이 굉장히 필요하다는 생각이 듭니다.

그렇다면 어떻게 영역 특수적 창의성을 교과 영역별로 키울 것인가. 그 답을 찾기 위해 인천의 한 고등학교에서 전문가의 자문을 받아 창의성 수업을 진행했다. 실험에는 1학년 A, B 두 학급이 참여했다. 한 반에서는 '활동 중심 수업'을, 다른 반에서는 '지식 적용 수업'을 진행했다. 창의성 교육에서 주로 이루어지는 활동 중심 수업에서는 배운 교과지식을 창의적으로 '표현'하는 활동에 중점을 두었고, 지식 적용 수업에서는 교과지식을 창의적으로 '적용'하는 데 중점을 두었다.

지식 적용 수업은 강의식 수업과 비슷해 보이지만 학습한 교과내용을 새로운 문제 상황에 적용하여 '문제를 발견하고 해결하는 과정'이 수반되는 수업이다. 이 과정에서 한 맥락에서 배운 지식을 유사하거나 다른 맥락에 적용하는 '전이'가 일어난다. 즉 축적된 지식을 새로운 맥락에 맞게 변형하고 통합하며 창의적으로 문제를 해결하는 과정을 연습하게 하는 것이다.

두 달 동안 진행한 수업의 과목은 '한국사'다. 한국사를 선택한 것은 창의성 교육에서 좀처럼 고려되지 않는 과목이기 때문이다. 실험을 함께 진행한 이은혜 역사교사는 그동안의 고충을 털어놓았다.

— 요즘 4차 산업혁명 얘기를 많이 하고, 교사들도 그런 변화를 이해하려고 노력 중이거든요. 그럴 때마다 빠지지 않는 키워드가 창의성, 창의교육, 이런 이야기들이 많이 나왔는데요. 그것을 어떻게 교과에서 시도할지에 대해서는 선뜻 나서지 못하고 있었어요.

이은혜, 고등학교 교사

안드레아스 슐라이허 OECD 교육국장은 창의적인 문제 해결은 어떤 특정 학과목에 제한되지 않고 어떤 주제나 맥락에서도 가르칠 수 있다고 말한다.

— 역사 시간에는 학생들이 역사를 암기하고 기억할 수 있게 도울 수 있을 겁니다. 또한 학생들 그 자신이 역사가가 될 수 있도록 돕고 사회가 어떻게 변화해왔는지 이해하고, 그래서 그것이 현재 어떤 의미를 갖는지 상상하도록 도울 수 있습니다.

교육심리학 박사인 안동근 인천대학교 교수는 한국사 창의성 수업의 의의를 다음과 같이 설명했다.

다시, 공부 다시, 학교

과거 역사적 사건의 주체들이 어떤 욕구와 동기를 가지고 행동했
는지 다각적으로 이해하고, 현재 자신과 우리의 문제를 인식하고
정의하고 해결해가기 위해 그 지식을 변형하고 통합하여 창의적
으로 적용해보는 데 의미가 있습니다.

학생은 물론 교사도 시도해본 적 없는 낯선 도전. 활동 중심 수업
이 진행되는 A반 학생들은 세도정치라는 역사적 상황을 신문기사 형식으
로 표현한 뒤 친구들과 공유하고 서로 의견을 나누었다.

아이들에게 특별한 주문을 하지 않았는데도 지난 시간에 배웠던
삼정의 문란 중 환곡의 문제점에 대해서 요즘 TV에 나오는 여러
대부업체의 광고를 빌려 신문기사로 표현하더군요. 그 점이 굉장
히 창의적으로 느껴졌어요. 학생들은 교사가 편리하게 가공해준
수업에 굉장히 익숙해져 있거든요. 어쩌면 교사가 친절하게 가공
해주지 않은 상태에서 자신들이 역사적 의미를 발견하고 문제 해
결력을 길러내고 또 자기만의 표현방법들을 드러내고 하는 과정
이, 사실은 조금 더 인내를 요하는 과정일 수 있는데 아이들이 그
런 과정들을 오히려 더 즐기는 것 같아 흐뭇했습니다.

이은혜, 고등학교 교사

활동 중심 수입이지만 창의성의 발현을 위해서는 지식도 중요하

다. 때문에 지식 전달 수업도 병행해서 진행했다. '개화정책' 단원에서는 당시 개화파와 반대파의 주장과 갈등을 이해하고 메신저 대화로 표현하는 활동을 했다. '갑신정변' 단원에서는 갑신정변의 무대가 된 역사적인 장소들을 여행가이드북처럼 소개하는 활동을 했다. 한편 '동학농민운동' 단원에서는 당시 농민군의 진보적 사상과 농민군을 탄압했던 정부 관료의 생각을 각각 뇌구조로 표현하는 활동을 했다. 학생들에게 가장 인기 있었던 활동은 랩 만들기로, 불평등 조약이었던 강화도 조약의 내용을 랩으로 표현하고 직접 공연도 했다.

그동안 역사적 지식을 암기하는 데 집중해왔던 학생들은 친구들과 발표를 준비하고 다른 친구들의 발표에 집중하며, 웃고 박수치고 환호했다. 그러면서도 진지한 표정의 학생들. 지금 이 순간 학생들이 느끼는 흥미와 호기심은 창의성의 중요한 요소다. 학생들은 발표 준비를 하면서는 힘들게 이런 거 왜 하냐고 말했지만 친구들과 선생님들 앞에서 발표를 마치고 나서는 뭔지 모를 뿌듯함을 느끼는 듯했다.

한편 '지식 적용 수업'을 진행한 1학년 B반은 교과지식을 현재 문제에 적용하고 해결하는 것이 목표다. 그동안 교육은 학생들에게 단 하나의 답을 찾도록 가르쳤다. 하지만 학생들은 지식 적용 수업을 통해 토론하고 발표하는 사이, 자신이 미처 생각하지 못했던 다른 관점에 대해 더욱 흥미를 느꼈다.

— 저는 문호개방이 너무 늦지 않았나 해요. 그 전에 열었어야 하지

않나 생각했습니다. 다른 나라와의 관계도 더 좋아지지 않았을까요? 먼저 열었다면….

— 저는 일단 시기가 잘못됐다고 생각했어요. 운요호 사건이 일어났잖아요. 이미 조선에 피해가 갔는데 이 상태에서 개항하면 당연히 피해가 확산될 거라고 관리들은 예상했을 것 같거든요. 조선 관료들이 백성들을 아예 고려하지 않았다고 생각해요.

— 저희 조는 그냥 국가라는 관점에서만 봐서 "국제적인 교류를 해야 한다"라고 주장했는데, 다른 조는 한 사람의 입장, 국민의 관점에서 주장하니까 무척 신선했어요.

두 달 동안 교과서 속 역사적 상황들을 통해 현재의 문제점을 발견하고 해결 방안을 고민하는 과정이 반복됐다.

— 정부에서 전통시장 활성화를 위해 대형마트 의무 휴일제를 도입했다는 것이 되게 비슷하다고 생각했는데요. 카풀 앱 이용에서도 '의무 시간제를 도입해서 특정 시간 아침 7~9시, 심야 11~1시처럼 명확한 기준을 제도적으로 징해 시로 공존하면서 살아갈 수 있도록 하자' 이렇게 방안을 생각해봤습니다.

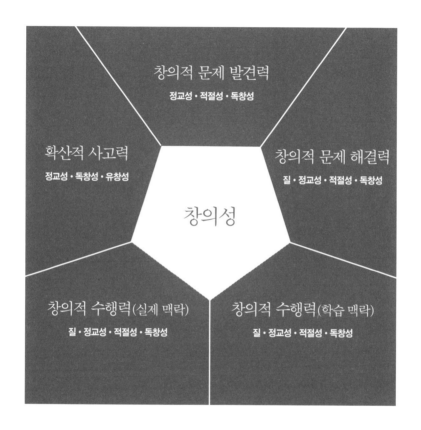

영역 특수적 창의성의 평가 항목

교과서 속의 역사지식은 현재의 문제를 해결하고 발견하는 근거가 되었다. 아이들은 역사 속 인물들의 문제에 몰입하면서, 자신의 문제를 되돌아보며 창의성의 핵심요소인 '자기 성찰'도 하게 되었다. 그동안 암기하는 데 그쳤던 죽은 지식이었지만 이제 그 지식을 통해 자신이 사는 세상을 바라보게 된 것이다.

나의 삶과 내가 속한 세계는 어떻게 나아질 수 있는가. 문제를 발견하고 해결하는 창의적인 과정이 이 질문에 대한 답이 될 수 있을 것이다.

— 과거 그 자체의 의미를 파악하는 것을 강요하는 건 우리 학생들한테 처음부터 너무 무거운 짐을 주면서 걸으라고 강요하는 듯한 느낌입니다. 그보다 현재 자신들의 입장에서 이 역사에 대해 꼭 정답이 아니라 자유롭게 접근할 수 있도록 유도해준다면, 이게 오히려 더 사실에 근접해서 날카롭게 역사를 잘 인식할 수 있지 않을까 하는 생각이 듭니다.

이은혜, 고등학교 교사

: '나는 창의적이다'라는 믿음 가지기

실험 전후 두 차례 테스트로 학생들의 변화를 살펴보았다. 영역특수적 창의성은 표준화된 검사로는 측정하기 어렵기 때문에 다양한 방

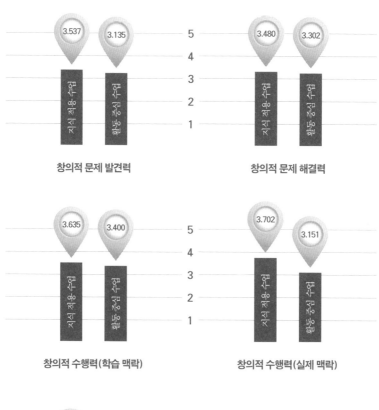

	창의적 문제 발견력	창의적 문제 해결력
지식 적용 수업	3.537	3.480
활동 중심 수업	3.135	3.302

	창의적 수행력(학습 맥락)	창의적 수행력(실제 맥락)
지식 적용 수업	3.635	3.702
활동 중심 수업	3.400	3.151

	확산적 사고력
지식 적용 수업	3.283
활동 중심 수업	2.811

수업방식에 따른 창의성 평가 결과

법으로 이해하고 평가해야 한다. 따라서 '문제 발견력' '문제 해결력' '창의적 수행력'으로 영역 특수적 창의성을 평가했다. '확산적 사고력'으로 창의적인 아이디어도 평가했다.

1. 창의적 문제 발견력
2. 창의적 문제 해결력
3. 창의적 수행력(학습 맥락 / 실제 맥락)
4. 확산적 사고력

이 네 가지 항목으로 나누어볼 때 A, B 두 반의 서로 다른 수업 경험은 학생들의 창의성에 어떤 영향을 미쳤을까. 문제를 발견하고 해결하는 역량은 두 반이 비슷했다. 반면, 창의적 수행력에서는 지식 적용 수업의 효과가 더 높았다. 확산적 사고력도 마찬가지였다. 지식 적용 수업을 실시했던 반의 효과가 더 높았다.

이 결과는 무엇을 말해주는 걸까. 우리가 창의성 교육이라고 하면 흔히 배우는 사람이 얼마나 잘 표현하는지를 중점적으로 보는 활동 중심 수업만 생각한다. 하지만 창의성은 배우는 사람이 주어진 것을 적용하는 과정을 통해서 더 잘 길러질 가능성이 높다는 것이다. 안동근 교수는 이 결과에 대해 다음과 같이 분석한다.

— 창의성은 자신의 생각과 지식, 정보를 통합하는 과정을 거치는데

지식 적용 수업의 사고과정을 통해 수행의 질적 수준이 높아지고, 구체적으로 세심한 표현도 가능해졌을 것으로 생각합니다. 지식 적용 수업처럼 비판적 사고와 반성적 사고를 강조하는 사고 중심 수업을 통해서도 학습자의 창의성을 증진시킬 수 있다는 것을 알 수 있습니다.

이번 실험은 중요한 가능성을 확인시켜준다. 창의성 교육은 수업 형식을 거창하게 바꾸지 않아도 된다. 즉 학생들의 사고과정을 중심으로 수업을 진행하는 것만으로도 의미 있는 효과를 얻을 수 있다는 것이다. 두 달 동안 학생들이 보여준 변화는 '창의성 교육이 필요한 이유'를 말해준다. 스스로를 창의적이지 않다고 생각했던 학생들이 자신에 대해 믿음을 갖기 시작했다.

— 여태까지 1학기 동안 다른 수업시간에 자발적으로 발표한 것보다 한국사 시간 1시간 동안 발표한 게 더 많은 것 같아요.

— 전에는 지나가는 수업, 시험을 위한 수업, 그 정도로 생각했다면 지금은 수업 자체가 재미있고 흥미가 생기니까 과목에 대해서 조금 더 집중할 수 있게 되는 것 같아요. 그래서 흥미가 더 생겼어요.

— 과거와 현재를 비교하면서 똑같은 사람들이 똑같은 것을 바라고

있는데 아직도 해결하지 못한 게 많다고 느껴져서 조금 슬프기도 했지만, 정말 역사라는 건 현재와 이어지는 거고 현재의 거울이라는 말이 맞는 것 같아서 되게 신기하면서도 슬프면서도 재밌는 수업이었어요.

한기순 교수는 '스스로에 대한 믿음'이 창의성의 출발이라고 말한다.

— 창의성의 출발은 자기효능감에서 시작하는 것 같습니다. '나는 창의적이지 않아'라는 생각 자체가 창의성을 저해하고 억누를 수 있어요. 자기 스스로에게 자신감을 가지면 창의적인 아이디어에도 자신감을 가질 수 있기 때문에 한걸음 더 창의적인 방향으로 나아갈 수 있어요. 자신감이 부족한 학생이 있다면 자신의 창의성에 대해서 조금 더 프라이드를 가지면 좋지 않을까 생각합니다.

: 헝가리의 수학 천재들은 어떻게 탄생했나

창의적인 교실을 만들기 위해 교사는 무엇을 어떻게 해야 할까. 칙센트미하이 박사는 무엇보다 교사가 "왜 그렇게 생각했어?"라고 질문해야 한다고 말한다.

— 학생이 예상하지 못한 답을 했을 때 교사가 곧장 "그건 틀렸어"라고 말하지 않고, 학생이 왜 그런 말을 했는지 생각해**봐야** 합니다. 그리고 뭔가 있다고 생각되면 "왜 그렇게 생각했어?"라고 물어야죠. 그럼 학생이 그 이유를 대답할 거고요. 그렇게 새로운 방식의 생각을 하게 해줘야 해요. 교사는 학생에게 귀 기울여야 합니다. 교사가 학생의 답을 무시하면, 그 학생은 자신이 틀렸다고 생각할 거예요. 학생은 당연히 선생님이 맞는 거라고 생각할 테니까요. 그러면 아이는 발전하는 대신 후퇴할 수도 있습니다.

학생들이 책에 나오는 대로 말하지 않더라도 그런 답을 할 수 있다고 생각해야죠. "그럴 수도 있겠다, 왜 그렇게 생각해?" 하는 식으로 아이들의 논리를 따라가고 그 논리를 맞는 방향으로 이끌어줘야 합니다. 교사의 논리가 아니라 학생이 다른 논리를 따라가더라도 맞는 방향으로 간다면 괜찮잖아요. 다른 방향으로 가도 정답으로 갈 수 있다면요. 잘 가르치기란 정말 어렵습니다.

또한 교사는 학생들에게 '적절한 어려움'을 주어야 한다. 그것이 바로 아이들이 학습에 참여할 수 있는 핵심이기 때문이다.

— 학생들의 이해수준이 어느 정도인지에 따라서 선생님이 자료를 주거나 질문을 하는 거죠. 학생들의 이해수준은 높은데 낮은 수준으로 말한다면 학생들은 지루해지겠죠. 반대로 학생들의 이해수

준은 낮은데 훨씬 높은 수준으로 설명하면 아이들은 혼란스러워하고 이해하지 못할 테고요. 그래서 아이들이 이해할 만하게 설명하되 그보다 아주 조금 높은 수준으로 말해야 합니다.

나는 헝가리 시골마을에서 초등학교를 다녔는데, 큰 교실 하나에서 8학년이 모두 배웠어요. 한 학년당 두세 명의 학생이 있었거든요. 선생님 한 분이 우리 모두를 가르쳤죠. 정말 힘들었을 거예요. 선생님은 여섯 살부터 열두 살까지 학생들 각자의 수준에 맞는 자료를 주셨어요. 어린아이들에게는 너무 어렵지 않게 큰 아이들에게는 너무 쉽게 느껴지지 않도록 말이죠. 그렇게 오케스트라 지휘자처럼 학생들 수준에 맞게 나눠서 해보는 게 필요합니다. 물론 어려운 일이죠.

하지만 어렵다고 교실에서 학생들을 직접 만나는 교사가 포기해버린다면 학교에서의 창의성 교육은 요원할 것이다. 존 베어 교수는 학창시절의 일화를 들려주며 '훌륭한 교사'의 필요성을 언급한다.

— 운이 좋게도 나는 훌륭한 선생님을 많이 만났어요. 좋은 선생님에 대한 얘기보다 나와 싸웠던, 내가 존경하는 선생님에 대한 얘기를 하고 싶네요. 고등학교 때 일이에요. '민주주의의 문제'라는 수업을 들었는데, 당시에 나는 극단적으로 급진적이었고, 선생님은 완전히 보수적이었어요. 우리는 논쟁을 하고 또 했는데 내가 존경했

던 점은 그분이 나를 진지하게 받아들였다는 겁니다. 나와의 논쟁에 참여할 의지가 있으셨어요. 나도 선생님을 설득하려면 선생님 얘기를 잘 들어야 했죠. '싸움'이라고 표현했지만 사실 정말 좋은 대화를 했어요. 서로 동의하지 않는 것뿐이었죠. 보고서를 써서 내기도 했고요. 숙제도 아니었는데 선생님과 논쟁하기 위해서 가장 정성 들여서 긴 보고서를 냈죠. 오로지 그 선생님을 설득하기 위해서요. 선생님은 다시 답을 해주셨고요.

당시 열여섯 살이었던 나와의 논쟁에 진지하게 임해주신 그 선생님을 정말 존경합니다. 비록 서로를 완전히 설득하지는 못했지만, 자신과 반대의견을 가진 사람의 이야기를 경청하는 건 중요하죠. 그것이 인생에서도 중요하고요. 지금 미국에서는 더더욱 그렇죠. 사람들이 서로의 말을 듣지 않으니까요. 창의성을 위해서도 중요합니다. 서로 다른 생각을 가지고 서로 동의하지 않는 사람들의 말을 잘 들어야 하죠. 그게 창의성을 고취하는 중요한 방법입니다.

그렇다면 창의성에서 시험은 어떤 역할을 할까. 그는 가끔은 시험을 멈출 필요가 있다고 말한다.

— 때로는 점수를 매기지 말고 학생들과 선생님을 자유롭게 해줘야 합니다. 선생님도 정형화된 시험에서 자기 반 아이들이 좋은 점수

를 받지 못할까 봐 걱정하니까요. 이런 정형화된 시험만이 우선된다면 선생님이 어떻게 가르치든지 아이들은 시험에 집중하게 될 겁니다. 때문에 학교는 시험이 전부가 아니게 해야 합니다. 물론 학생들은 계산하는 법과 철자와 맞춤법을 알아야 하죠. 역사와 물리도 배워야 하고요. 하지만 그것들을 어떻게 가지고 노는지도 배워야 합니다. 그 지식을 가지고 그 사이에서 생각하는 법을 알아야 해요. 선생님들에게 다른 것들도 가치 있게 여길 수 있는 자유를 주지 않는다면 우리 아이들은 암기에만 더 집중하게 될 겁니다.

'헝가리 이팩트effect'라는 말이 있다. 1900년대에 헝가리에서 갑자기 걸출한 과학자와 수학자들이 많이 배출된 현상을 일컫는 말인데, 이 현상의 원인이 무엇인지 살펴본 결과 두 가지 가능성이 제기됐다. 하나는 '외트뵈시Eötvös' 수학경시대회이고, 다른 하나는 '쾨멀KöMaL, Középiskolai Matematikai és Fizikai Lapok'이라는 수학잡지다.

고등학생들을 대상으로 하는 외트뵈시 수학경시대회는 1894년 가을부터 지금까지 1~2차 세계대전 기간을 제외하고 매년 개최되고 있다. 전통적으로 경시대회 1, 2등은 대통령이 직접 수상할 정도로, 오늘날까지 사회 각층의 전폭적 지지를 받고 있다. 심사위원회의 보고서에는 입상자의 스승 이름도 함께 기록된다.

부다페스트 대학의 수학교수 요세프 퀴르스차크Jósef Kürschák는 1894년에서 1928년 동안 출제된 경시대회 문제를 책으로 출간했다. 책에는 문제의 해답뿐만 아니라 문제에 대한 다양한 견해 및 보다 깊은 배경지식, 수상자들의 명단이 수록되었다. 이 책은 이후 『헝가리 문제집 Hungarian Problem Book』이라는 제목으로 영문판이 나왔다.

이 경시대회의 핵심은 무엇이었을까. 하나의 정답을 빠른 시간 안에 맞히는 시험이 아니라 충분한 시간을 갖고 각자 나름의 새로운 문제 해결 방식을 제시하는 시험이었다는 점이다. 외트뵈시 수학경시대회의 수상자 목록에는 리포트 페에르Lipót Fejér, 티버더 카르만Tivada Kármán, 얼프레드 하르Alfréd Haar, 머르셀 리에스Marcel Riesz, 가보르 세괴Gábor Szegö 등 세계적인 수학자들이 이름을 올렸다.

고등학생들을 위한 수학잡지 《쾨멀》은 1894년부터 현재까지 꾸준히 발행되고 있으며, 1970년대부터는 영어로 번역되고 있다. 원래 이 잡지는 라츠 라슬로Rátz László라는 고등학교 수학교사가 자기 학교 학생들을 위해서 처음 시작한 것으로 전해진다. 라츠 교사는 학생들에게 정답만을 찾는 문제가 아니라 창의적이고 흥미로운 해결책을 찾아가는 문제를 제시했다.

인류사가 시작된 이래 가장 위대한 천재 가운데 하나로 꼽히는 헝가리 출신의 미국 수학자 존 폰노이만John von Neumann은 자신이 세계적인 수학자가 될 수 있었던 바탕에는 고등학교 은사인 라츠 선생님이 있었다고 인터뷰하기도 했다. 한기순 교수는 헝가리 이팩트에서 창의적인 교실을 만드는 방법을 유추해볼 수 있다고 말한다.

사실 우리나라에서 창의성 교육을 얘기할 때마다 "시스템이 바뀌지 않고서 뭐가 가능하겠어" "입시가 바뀌어야 돼" 이런 얘기를 합니다. 하지만 헝가리 사례를 접하면서 선생님의 노력으로 어떤 변화를 이뤄낼 수도 있겠구나 싶어 굉장히 감동을 받았고, 우리 교육에 시사하는 바도 크지 않나 생각합니다.

　우리 교육이 하나의 정답을 강조하는 측면이 없지 않은데 다소 어려움이 있더라도, 창의성에 대한 평가나 정답보다는 다양한 아이디어, 다양한 정답이 가능할 수 있다는 풍토가 조성되고 그게 교실 현장에서 적용될 수 있다면, 조금 더 창의적인 문화를 지향할 수 있지 않을까 생각합니다.

안드레아스 슐라이허 OECD 교육국장 또한 창의적 풍토를 조성하기 위해서는 '실수할 수 있는 기회'를 주어야 한다고 말한다.

　우리 아이들이 창의적이길 원한다면 우리는 아이들에게 실험을 할 수 있는 공간을 마련해주어야 합니다. 아이들이 마음껏 실험하고 실수하게 용인해주어서 실수로부터 배울 수 있도록 돕는 것이, 아이들이 창의적인 문제 해결사로 성장하는 데 필수적입니다. 과학실험을 예로 들면 단지 실험 결과를 설명해주는 것이 아니라 학생들이 직접 실험할 수 있게 하고 그 실험으로부터 배울 수 있게 해야 합니다. 그것이 창의적인 문제 해결입니다.

창의성을 이해하고 향상시키는 것은 어떻게 살아갈 것인지 지혜를 발견하는 과정이다. 이것이 창의성의 진정한 가치일 것이다. 창의성은 "창의적이 되어라" 하는 지시가 아니다.

4 불안은 어떻게 실력을 까먹는가

분 수학 불안으로 알아본 '공부 잘하는 법'

: 고등학생이 짝수와 홀수 구분도 못 하는 이유

고등학교 1학년 학생들을 대상으로 간단한 실험을 했다. 모니터에 나오는 숫자를 보다가 짝수가 나오면 키보드를 누르는 실험이다. 짝수와 홀수만 구별하면 되는 단순한 문제에 고등학교 1학년 아이들의 뇌는 어떻게 반응했을까? 실험에 참가한 학생들의 뇌파를 측정해 정보입력속도, 처리속도, 정확도를 살펴보았다.

아이들은 모니터에서 숫자를 인지하는 입력속도와 키보드를 누르는 처리속도는 모두 아주 빨랐다. 하지만 짝수와 홀수를 구분해내는 정답률은 낮았다. 입력속도의 경우 정상치가 245ms인데 피실험 학생들의 평균은 221.5ms였다. 처리속도의 경우 정상치가 445ms인데 학생들의 평균은 383.25ms였다. 한편 정상인 피험자의 정답률이 평균 86%인 데 비해 피실험 학생들의 평균 정답률은 70.8%에 불과했다. 흔히 입력속도와

1부 공부에 대해 다시 생각하다

처리속도가 느리면 정답률도 낮아지고, 입력속도와 처리속도가 빠르면 정답률도 높을 거라고 예상하는 것과 전혀 다른 결과다. 이 학생들에게 무슨 특징이 있는 걸까. 바로 실험 참여자들에게는 '수학 불안math anxiety' 이 크다는 공통점이 있었다.

일산백병원 이승환 교수가 진행한 이 실험에서 보면 성급하고 불안한 심리가 그리 어렵지 않은 문제를 해결하는 것조차 얼마나 힘들게 하는지 알 수 있다. 이런 불안심리가 실제 실력을 발휘하는 과정에서 얼마나 큰 영향을 미치는지 보여주는 분야는 단연 '수학'이다. 수학 불안을 겪고 있는 학생들의 이야기를 들어보자.

— 수학시험지를 받으면 심장이 너무 빨리 뛰고 손이 달달 떨려 글씨를 못 쓸 정도예요. 불안을 넘어서 거의 공포 수준이에요.

— 분명히 알고 있는 문제인데 틀려서 사람들이 내가 모른다고 생각할까 봐 불안해요. 또 문제 푸는 속도가 느려서 시간 안에 못 풀면 어떡하지 하는 생각이 들면 도망가고 싶어져요.

— 어려운 문제를 보면 불안해져요. 마치 눈을 감은 것처럼 눈앞이 캄캄해지는 느낌을 받아요. 갑자기 뇌가 멈춘 것 같고 쉬운 수학 공식도 기억이 안 나요. 결국 시험지를 확 덮어버렸어요. 에이, 몰라~ 하면서요.

— 수학시험이 끝나고 제 손을 보니까 엄지손톱에 피가 나 있었어요. 저도 모르게 불안해서 막 뜯었나 봐요.

학생들의 이야기에서 느낄 수 있듯이, 수학 불안은 '시험'이라는 조건과 매우 관련이 높다. '수학 불안'을 『교육심리학 용어사전』이라는 책에서는 이렇게 정의하고 있다.

> 수학 교과와 관련된 불안으로 수학문제의 해결이 시험을 보는 것과 비슷하여 시험 불안의 한 형태로 볼 수 있다. 즉 수학 불안의 인지적, 정서적 역동성은 시험 불안의 경우와 아주 흡사하여 수학문제를 해결하는 과정에서 시간적 압박, 잘못했을 때 느낄 창피함, 정답에 대한 강압 때문에 완벽성, 열등감, 과도한 긴장과 스트레스를 유발한다. 시험 불안과 달리 수학 불안은 수학내용에 대한 반응이라는 점에 차이가 있다.

쉽게 말해 숫자, 수식, 심지어 수학이라는 글자만 봐도 머리가 아파오고 땀이 나고 심장이 두근거리며, 걱정과 공포에 휩싸이게 되는 게 수학 불안이다.

이런 수학 불안은 우리나라 학생들에게만 국한된 문제가 아니다. 미국에서는 수학 불안과 관련한 좀 더 본격적인 뇌파 실험이 있었다. 이 실험을 통해 불안심리와 학습에 대한 관계를 자세히 들여다보자.

미국 스탠포드 대학교 메논Menon 교수 연구팀은 2012년 미국 국립과학재단의 지원을 받아 '수학 불안이 학습능력에 어떤 영향을 주는지' 알아보는 실험을 했다. 먼저 초등학교 2~3학년 학생 46명을 수학 불안이 높은 집단과 낮은 집단으로 나누었다. 그리고 이들의 지능, 학업 성취도, 작업기억, 특성불안, 수학 불안 등을 측정했다.

여기서 '작업기억working memory'은 정보를 일시적으로 보유하고, 각종 인지과정을 계획하고 순서 지어 실제로 수행하는 단기적인 기억을 말한다. 예를 들어 전화를 걸기 전까지 전화번호를 마음속에 담아두는 것과 같은 일이다. '특성불안'은 막연하지만 지속적으로 느끼는 불안이다. 비교적 변화하지 않는 개인의 성격 특성에서 비롯하는 불안이라 할 수 있다.

연구팀은 수학 불안이 높은 학생들과 낮은 학생들에게 각각 뺄셈 문제를 풀게 하고, 기능적 자기공명영상fMRI으로 학생들의 뇌를 촬영해 어떤 특징을 보이는지 관찰했다.

수학 불안이 높은 집단과 낮은 집단 사이에는 지능, 학업성취도, 작업기억, 특성불안에서 차이가 없었다. 다만 수학 불안이 높은 집단이 낮은 집단에 비해 문제를 잘 풀지 못했다. 뇌 영상 자료를 분석한 결과 수학 불안이 낮은 학생들의 뇌는 수리 과제를 잘 수행할 수 있는 영역들이 활성화되었지만, 수학 불안이 높은 학생들은 불안, 공포 등 부정적 감정을 조절하는 뇌 영역이 활성화되어 수학문제를 해결하는 뇌의 능력이 제

약을 받고 있었다. 즉 수학 불안 정도가 높은 학생들이 수학성적이 낮은 것은 이들의 뇌가 불안을 해결하는 데 집중하느라 작업기억 용량이 감소해 계산 등 문제 해결에 필요한 두뇌활동이 방해를 받기 때문이었다.

수학 불안을 겪고 있는 사람들의 고통에 대해서는 2012년 시카고 대학교 심리학과 베일럭Beilock 교수가 연구한 바 있다. 수학교과서를 받을 때, 수학 수업이 시작될 교실로 갈 때, 수학책을 펼쳤을 때와 같은 상황에서 수학 불안을 측정했다. 그 결과를 바탕으로 수학 불안이 높은 집단과 낮은 집단을 나누고, 피험자들이 수학문제를 풀기 전과 푸는 동안 뇌를 촬영했다.

후배측 섬엽과 중앙부 대상피질 등 일명 '고통망Pain network'의 활성화 정도에서 두 집단은 큰 차이를 보였다. 이곳 뇌 영역들은 사고나 부상으로 신체가 고통을 경험할 때와 일방적인 이별통보처럼 사회적으로 거절을 당할 때 활성화되는 곳이다. 그런데 수학 불안이 높을수록 이 부위들이 더 활성화되었다. 그래서 수학 불안이 높은 사람들은 수학문제를 풀기도 전에 실제 골치가 아프다거나 하는 신체적 고통을 느끼게 된다. 흔히 '공부하기 싫어서 꾀병 부린다'라고 하지만 그 꾀병에 과학적 근거가 있는 것이다. 반면 수학 불안이 낮은 집단에서는 이러한 뇌 반응이 나타나지 않았다.

: 　가장 빨리 풀지만 흥미도는 최하위

　수학 불안으로 어려움을 겪고 있는 학생들은 얼마나 있을까? 단국대학교 수학교육과 고상숙 교수는 중학교 3학년과 고등학교 1학년 1,600여 명을 대상으로 '수학 불안 진단검사지'를 이용해 수학 불안 검사를 실시했다. 수학 불안 진단검사지는 수학 내적 요인, 학습방법 요인, 성적 및 시험 요인, 수학 외적 요인의 네 가지, 총 65개 문항으로 이뤄져 있다. 검사지의 질문 내용을 살펴보자.

- 지문이 긴 문항을 보면 풀기도 전에 불안해진다.
- 문제에 복잡한 그림이 주어지면 불안하다.
- 숫자 대신에 ß, x, y 같은 문자를 포함한 식을 대할 때 더 불안을 느낀다.
- 일상생활에서 쓰지 않는 수학 용어를 대할 때 불안해진다.
- 수학 공식을 외워도 무슨 뜻인지 의미를 이해하기 어려워 불안하다.
- 수학 수업시간에 질문을 받을까 봐 불안하다.
- 수학 시험시간이 부족할 것 같아 불안하다.
- 학원을 다니지 않으면(혹은 과외를 받지 않으면) 다른 학생들보다 뒤떨어질까 봐 불안하다.

불안도는 1점에 가까울수록 낮고 5점에 가까울수록 높다. 검사 결과 불안지수가 3점 이상으로 높은 학생들이 전체의 3분의 1이 넘었다. 불안지수가 4점이 넘으면 '숫자만 보면 머릿속이 하얘질' 정도의 심각한 상태로, 불안이 수학적 사고 자체를 방해하는 수준이다. 이러한 고도의 불안이 지속될 경우 수학에 대한 부정적인 감정을 넘어 수학을 포기하게 될 가능성이 높아진다고 한다.

수학선생님이 꿈이라는 한 학생의 이야기를 들어보자. 이 학생은 꿈을 이루기 위해 매일 수학문제집을 열심히 푼다. 수학에서 내신 2등급이라는 좋은 성적도 받았지만 자신의 수학실력이 형편없다고 여기고 있다. 좋아하던 수학이 학년이 올라갈수록 어느덧 불안과 공포의 대상이 되어버렸다고 한다.

— 공부를 하다 어려운 문제가 나와 답안지를 봤는데도 모르겠더라고요. 그때부터 너무 불안했고, 불안하니까 수학공부가 자꾸 하기 싫어졌어요. 수학을 버리고 대학 가는 방법이 없을까 하는 고민까지 들어요.

이 학생처럼 수학에 흥미를 잃어가고 있는 학생들이 많다. 한국과학창의재단의 2015년 조사에 따르면 수학을 포기한 수포자 학생의 비율은 초등학생 8.1%, 중학생 18.1%, 고등학생 23.5%였다. 같은 해 시민단체 사교육걱정없는세상이 전국 초등학교 6학년, 중학교 3학년, 고등학교 3학년 학생 7,719명을 상대로 한 설문조사에서는 수포자 비율이 초등학교 6학년 36.5%, 중학교 3학년 46.2%, 고등학교 3학년 59.7%로 나왔다.

또한 교육부가 2019년 중학교 3학년과 고등학교 2학년을 대상으로 실시한 국가수준학업성취도평가에 따르면 중고등학생 열 명 중 한 명은 수학 기초학력 미달이었다. '기초학력 미달'이란 해당 학년 과목의 교육내용을 전혀 이해하지 못한다는 뜻이다. 특히 중학생의 수학 기초학력 미달 비율은 5년 전에 비해 2배 이상 늘었다. 이에 반해 수학 과목에서 배운 내용을 절반 이상 이해하는 '보통학력 이상' 비율은 중고등학생 모두 줄었다. 중학교 3학년은 2018년 62.3%에서 61.3%로 줄었고, 고등학교 2학년은 70.4%에서 65.5%로 줄었다. OECD가 주관해 70개국에서 치르는 국제학업성취도평가PISA에서도 한국의 수학 기초학력 미달 비율은 2009년 8.1%에서 2015년 15.4%로 늘었다.

수학처럼 낯선 기호가 가득한 식을 풀고 추상적 사고를 해야 하는 과목이 어려운 건 어쩌면 당연한 일이다. 어떻게 해도 수학을 어려워하는 학생들이 있을 수밖에 없다. 그렇더라도 수포자의 비율이 이렇게나 늘어나는 이유는 뭘까. 한국의 수학교육이 더 어려워지고 있어서일까.

수학 불안 요인 중 '시험 요인'에서 불안도가 높게 나타난다는 특징에 답이 있다. 수학 불안 진단검사 결과를 보면 다른 나라에서는 수학 자체가 어려운 과목이라는 생각이 불안을 키우는 경우가 일반적인데, 우리나라 학생들의 경우 수학시험 자체에 느끼는 불안이 매우 크다. 현재 수능시험에서 수학은 서른 문제를 푸는 데 100분이 주어진다. 한 문제를 3분 안에 풀어야 하는 것이다. 시간 강박에 시달리는 학생들은 스톱워치를 옆에 두고 빨리 푸는 연습까지 한다. 이를 보면 앞에서 살펴본 '짝수와 홀수 구별' 실험에서 왜 학생들이 어떻게 풀어야 할지 생각도 하기 전에 성급하게 답부터 내리려고 했는지를 짐작할 수 있다.

국제학업성취도평가를 보면 우리나라 학생들은 가장 빠른 속도로 문제를 푼 것으로 나타난다. 2018년에 이뤄진 OECD 회원국의 국제학업성취도평가 중 수학문제풀이 항목에서 한국은 34분으로 1위를 차지했다. 이렇게 수학문제는 세계에서 가장 빨리 풀고 있지만 한국의 수학 흥미도는 28위로 세계 최하위 수준이다.

그럼 도대체 한국의 수학시험은 얼마나 어려운 것일까. 덴마크 코펜하겐에 위치한 닐스부록 국제학교를 찾아가보았다. 덴마크는 수학 성취도에서 상위권을 유지하면서 흥미도도 높은 나라다. 이 중 닐스부록 국제학교는 공립고등학교로 상경계열 진학을 목적으로 세워진 학교라서 일반 인문계 고등학교에 비해 높은 수준의 수학을 가르치고, 학생들의 수학 성적도 우수한 편이다.

이 학교에서 수학을 가장 잘하는 학생들이 모여 있는 교실을 찾아, 학생들에게 대학수학능력시험(수능)문제를 보여주고 그중 한 문제를 풀어보게 했다. 한참 시간이 흘렀지만 다들 답을 찾지 못한 가운데, 한 학생이 자신 있게 발표에 나섰다. 한 문제를 3분 안에 풀어야 하는 수능시험이지만, 이 학생은 10여 분 동안 칠판 두 바닥을 풀이과정으로 가득 채우고서야 겨우 답을 구했다. 아쉽게도 계산과정에서 실수해 정답을 맞히지는 못했다. 학생들은 이구동성으로 100분 안에 서른 문제를 푸는 건 불가능해 보인다고 말했다.

— 개인적으로 수학이 어렵다고 생각하지 않지만 문제를 읽고 무엇을 묻고 있는지 이해하기까지 시간이 필요해요. 시간이 충분하면 문제에 대해서 생각할 시간이 있잖아요. 이전에 뭘 배웠는지 생각해볼 수 있는 여유가 있으면 압박도 없죠. 그런데 수능문제지는 보기만 해도 시간적인 압박이 와요. 텍스트도 많고 이것도 물어보고 저것도 물어보니 해결해야 할 게 너무 많아요.

— 수능문제를 보니까 아마도 한국에서는 한 번 뒤처지면 따라잡기가 힘들 거 같아요. 반면에 덴마크에서는 학생 개개인을 가르치는 데 초점을 맞춰요. 어떤 학생도 뒤처지지 않도록 도움을 받을 수 있죠.

닐스브록 국제학교 수학교사들은 주어진 시간에 비해 문제가 많은데 한국 학생들이 어떻게 수능문제를 다 풀 수 있는지 비법을 궁금해했다. 유형을 바로 식별할 수 있을 만큼 반복해서 문제를 푼다고 하자 놀라워했다. 그들은 빨리 답을 구하는 것을 변별력의 기준으로 삼는 수능의 문제점에 대해 날카롭게 지적했다.

— 한국의 수능 수준은 굉장히 높아서 아마도 덴마크 학생들은 풀 수 없을 거예요. 한국 수능의 쉬운 문제가 덴마크 입시의 어려운 문제보다 어렵네요. 덴마크에서는 보다 많은 학생이 패스하기를 바라기에 이런 문제는 내지 않아요. 덴마크 학생들에게 한국의 수능공부를 하라고 하면 그걸 선택하는 경우는 거의 없을 거라고 봐요. 시험을 통과하려고 열심히 공부하진 않을 거예요. 왜냐하면 그 공부가 자신과 연관성이 없다고 생각할 거니까요. 억지로 해야 한다면 행복해하지도 않을 거고요.

잉그리드, 닐스브록 국제학교 수학교사

— 문제가 많고 주제가 광범위한데, 교사가 풀이과정을 볼 수 있는 문제가 없네요. 실생활에 응용할 수 있는 문제 대신 수학 그 자체만 있어요. 이런 문제들만 풀어서는 한국 학생들이 수학공부를 하면 뭐에 좋은지 그 유용성을 알 수 없을 거 같아요. 게다가 수능을 잘 보려면 빨리 풀어야 하잖아요? 그런데 저는 제 학생들에게 수학은 시간 문제가 아니라고 말해요. 1시간이 걸리든 2시간이 걸리든 뭔가 알아내고 그걸 설명할 수 있다면 누가 빠른지는 중요하지 않아요. 빨리하는 걸 부추기는 건 잘못됐다고 생각해요. 문제를 끝까지 생각해볼 기회가 없어지니까요. 결국 가장 빠른 학생이 잘하는 학생이라고 평가받을 텐데, 빠르다고 실력이 훌륭한 건 아니에요. 어떤 학생을 얻고 싶은지 교육의 목표를 제고해봐야 되지

않을까요?

잉마흐, 닐스브록 국제학교 수학교사

　　우리나라 학생들의 수학 불안을 해결하는 가장 근본적인 방법은 지금과 같은 기형적인 입시제도를 바꾸는 것이겠지만, 큰 틀을 당장 변화시키기는 힘든 노릇이다. 그렇다 해도 수학교육과 같이 어려운 과목에 대해 학생들이 흥미를 느낄 수 있게 하려면 어떻게 해야 하는지는 충분히 탐색해볼 필요가 있는 주제다. 덴마크의 닐스브록 국제학교의 수학교육에서 우리 교육의 방향성에 대한 실마리를 찾아보자.

:　　덴마크 닐스브록 국제학교의 수학교육

　　덴마크의 학교시험은 대체로 서술형 필기시험과 구술시험 두 가지로 이뤄지는데, 구술시험의 비중이 점차 커지는 추세다. 2018년부터는 레벨에 따라 구술시험만 치르기도 한다. 필기, 구술시험 둘 다 정답을 맞히는 것보다 중요한 건 풀이과정이다. 구술시험에서 학생은 칠판에 풀이과정을 적으며 설명하고 교사의 질문에 답할 수 있어야 한다.

—　　그냥 앉아서 강의를 듣고 있으면 그때는 이해한다고 생각할지 모르지만 수학을 이해하고 사용하고 적용할 수 있는지 알 수 있는

방법은 오직 남에게 직접 설명할 수 있느냐 하는 것뿐입니다.

피터, 닐스브록 국제학교 교감

풀이과정을 일일이 설명해야 하는 덴마크의 학교시험이 아이들에게 부담이 되지는 않을까 싶기도 한데, 그렇지 않은 이유를 평가 방식에서 찾을 수 있다. 교사는 채점을 할 때 학생들이 풀이과정에서 개념을 제대로 이해했는지 확인하고 설령 시험에서 계산실수가 있어도 풀이과정이 맞는다면 점수를 준다.

— 최종 결과가 틀렸다고 다 틀린 건 아니니까 몇 가지 생각은 맞는 거라고 인정해주는 거죠. 저는 학생들에게 x가 1이든 2든 답은 그렇게 중요하지 않다고 말해요. 시험이라도 정답이 틀리는 실수를 할 수 있고, 거기서 개선할 점을 찾는 게 더 중요하니까요. 실수 속에서 학생들은 정확한 숫자를 얻는 것보다 훨씬 많은 것을 배울 수 있어요.

잉그리드, 닐스브록 국제학교 수학교사

교사는 모든 시험과 과제물에 항상 적절한 피드백을 주어 학생들이 부족한 부분을 깨닫고 다음번에 더 나아질 수 있도록 돕는다. 닐스브록 국제학교 수학교사들은 평가의 목적이 줄 세우기가 아니라 학생들의 실력향상에 있다는 것을 알고 있다. 실수해도, 틀려도 괜찮다는 건 확실히 덴마크 학생들을 편하게 만들어주는 것처럼 보였다. 칠판 앞에서 설명하다가 모르는 부분이 나오면 자책하기보다 교사에게 편하게 질문을 했다. 그럴 때 학생들에게서 문제를 못 풀어 주눅 든 모습은 찾아볼 수 없었다.

　　이곳 수학 수업의 또 다른 특이점은 소그룹 작업이 많다는 것이었다. 학생 네다섯 명이 함께 모여 서로 의논하여 문제를 해결하고 발표한다. 이렇게 학생들끼리 서로 모르는 것을 가르쳐주면서 공부하는 그룹 작업은 수학공부에도 효과적이지만 사회에 나가 팀으로 일하는 법을 미리 배울 수 있어서 적극적으로 활용되고 있다.

　　이 학교에는 수학을 어려워하는 학생들에게 도움을 주는 장치들도 여럿 있다. 수학에 도움이 필요한 학생들에게 방과 후 일주일에 세 번 정도 보충수업을 해줘 부족한 부분을 채울 수 있도록 하고 있었고, 대학생이 된 학교 졸업생들이 재학생을 돕는 프로그램도 있어, 진도를 따라가기 힘든 학생들의 과제를 도와주거나 이해가 안 되는 문제를 설명해줄 수 있도록 했다. 이들 선배 졸업생들은 학습에 대한 직접적인 지원 외에도, 대학진학 후 경제학 등의 다른 학과를 공부할 때 수학이 어떻게 적용되는지를 비롯해 수학이 고립된 학문이 아니라 현실세계에서 줄곧 필요하다는 걸 알려줘, 후배들의 학습에 동기를 부여하는 역할도 하고 있었다.

　　또 학업에 고충을 겪는 학생들을 위한 상담제도도 마련되어 있다. 학업 상담사에 의하면 수학을 어려워하거나 특히 칠판 앞에 나가 문제를 풀 때 긴장해서 상담을 요청하는 학생들이 종종 있다고 한다.

― 그런 학생들에게는 두 가지를 이야기해줘요. 첫째, 칠판에 나가서 실수하는 건 아무런 문제가 되지 않으며, 오히려 어떤 면에서 반 친구들을 돕는 것이라고요. 왜냐하면 선생님은 그 학생의 실수를 토대로 더 가르칠 수 있게 되고, 친구들 역시 그 학생의 시행착오와 극복 과정을 보면서 용기를 얻거든요. 둘째, 칠판에 나가 설명을 하고 교정을 받는 건 구술시험을 준비할 수 있는 가장 좋은 기회라고 얘기해줘요. 상담을 통해 아이들은 선생님이 자기를 괴롭히려는 게 아니라 도우려 한다는 걸 확실히 깨달아요. 우리 학생들은 1등을 할 필요가 없다는 걸 알죠. 최고가 되는 것보다 최선을 다해 즐겁게 발전하는 게 중요하다는 걸 일깨워주기 위해 상담에 공을 들여요.

마이크 크리슨, 닐슨브룩 국제학교 학업 상담사

학업 상담사가 있을 뿐만 아니라 학교에는 코디네이터를 두어 학생들이 어떠한 경우에도 학교생활에 어려움을 겪지 않도록 돕는다. 예를 들어 만성질환으로 등교에 어려움을 겪는 학생이라면 그 학생에게 맞는 커리큘럼을 짜준다. 결석을 하더라도 교과과정을 따라갈 수 있도록 지원하는 방식이다.

닐스브룩 국제학교 학생들은 수학에 흥미를 잃지 않도록 다방면에서 힘쓰는 학교의 지원에 대해 어떻게 생각하고 있을까? 학생들에게 수학을 왜 배우고 수학이 자신에게 어떤 의미인지, 학교 수학교육에 대한 생각은 어떤지 등을 물어보았다.

— 저는 수학적 뇌를 타고 나지 않아서 다른 사람들보다 더 많이 노력해야 하죠. 그런데 수학공부에 빠져들다 보니 수학이 흥미롭다는 사실을 알게 되었어요. 또 수학공부를 할수록 똑똑해지는 게 느껴져서 좋아요.

— 수학은 일상생활을 편리하게 해주는 거라 생각해요. 수학을 배우면 숫자로 된 모든 것이 어떻게 돌아가는지 전반적으로 이해할 수 있게 되죠. 시험은 얼마나 잘하나 못하나를 재단하는 게 아니라 배운 걸 얼마나 기억하고 이해하는지 평가하는 거라, 피드백을 통해 저를 더 발전시킬 수 있어요.

— 저는 반에서 최고가 되는 것보다 문제를 해결하려고 노력하는 과정에서 개인적으로 성장하는 것에 더 집중해요.

— 수학은 제가 좋아하는 과목이에요. 다양한 방식으로 문제 푸는 걸 좋아해요. 문제를 풀면서 같은 답에 도달하는 새로운 방법들을 배우는 도전이 즐거워요.

— 선생님들은 학생들이 확실히 알게 하기 위해 질문을 해요. 학생들이 잘 따라오고 있는지 또 이해하고 있는지 알기 위해 질문을 하는 거죠. 그게 수학공부에 도움이 돼요. 수학은 생각하는 방식을

바꾼다고 생각해요. 문제 해결 과정에서 논리적인 생각을 연습하게 돼요.

— 확실히 수학은 어렵지만 수업에 적극적으로 참여하다 보면 제 존재가 중요하다고 느껴져요. 제 발표가 선생님이 우리에게 무엇을 더 가르치느냐에 영향을 미치니까요. 또 학교에서는 우리 학생들이 열심히 할 거라는 걸 믿고 지지해줘서 언제나 안전하고 편안하다고 느껴요.

이렇듯 이곳 학생들은 수학이 어렵다고 느낄지언정 수학에 대한 불안과 공포를 갖고 있지 않았다. 닐스브룩 국제학교는 학생들에게 수학이 실생활에 얼마나 유용한지 알려주고 답을 구하는 다양한 방법을 통해 문제 해결의 즐거움을 깨닫게 하고 있었다. 정답을 구하는 과정에서 실수하고 오래 걸려도 기다려주며 충분히 생각할 여유를 주고, 뒤처지는 학생이 없도록 다양한 안전망을 마련해두었다. 이 모두가 학습과정에서 느끼는 불안도를 낮추기 위한 방법이었다. 학생들이 겪을 수 있는 수학 불안에 대한 관리가 학교 차원에서 철저하게 이뤄지고 있는 것이다.

닐스브록 국제학교의 학생들이 수학 불안을 아예 안 느끼는 건 아니다. 닐스브록 국제학교의 박지윤 교사의 이야기를 들어보자. 박지윤 교사는 한국에서 대학까지 졸업하고 이곳에 왔다. 그가 들려주는 교사 초창기 경험담에서 한국과 확연히 다른 덴마크의 수학교육 목표를 알 수 있었다.

— 어떤 아이가 '극한'에 대해 배우던 도중 수학을 왜 배워야 하냐고 물어서 "대입시험 볼 때 필요하잖아"라고 대답했어요. 지극히 한국적인 발상의 대답이었던 건데, 이게 큰 사건이 되었어요. 시험이 공부의 목적이 된다는 건 이곳에서 상상할 수 없는 일이거든요. 나중에 다른 선배 교사들이 "수학을 배우면 복잡한 문제를 해결할 수 있고 논리적으로 생각하는 힘을 기를 수 있다"고 대답했어야 한다고 알려주더라고요. 제가 "대입을 위해 수학공부를 해야지" 했던 건 부끄럽지만 아직도 이 학교에서 전설로 남아 있습니다.

박지윤 교사는 첫 시험문제를 출제할 때도 어려움을 겪었다고 했다. 시험문제를 쉽게 조금만 내라는 선배 교사의 조언에 한국 수준보다 쉬운 문제로 100분에 다섯 개 정도 풀 수 있도록 냈는데도, 문제 수가 많고 어렵다는 불만이 터져 나왔고 학생들이 교실에 거의 나오지 않는 사태까지 발생했다고 한다.

이곳에서도 수학 수업시간에 문제풀이를 하고 시험도 치지만 너무 복잡하거나 어려운 수학문제는 다루지 않는다. 학생들이 스트레스를 받거나 수학에 흥미를 잃어버릴 수 있기 때문이다.

— 수학을 배우는 학생들이 해냈다는 성취감을 느끼도록 하는 게 중요해요. 수학에 필요 이상의 압박을 느끼지 않아야 된다고 생각합니다.

벤자민, 닐스브록 국제학교 수학교사

— 수학이 재밌다고 생각해야 학생들이 공부를 시작해요. 학생들의 실력을 키우기 위해 좋은 환경을 만들어줘야 해요. 그러려면 아이들 머릿속에 너무 많은 걸 넣으려고 하면 안 됩니다. 흥미로운 주제를 제시해주고 천천히 주제에 파고들어야죠. 너무 어려우면 학생들은 겁만 먹고 흥미롭지 않다고 생각할 거예요. 학생들이 해결할 수 있는 딱 그만큼 어려워야 합니다.

잉마흐, 닐스브록 국제학교 수학교사

덴마크의 수학교육은 학생들의 흥미를 중요하게 생각하기 때문에 수학적 원리를 실제 상황에 적용할 수 있는 방향으로 이루어진다. 예를 들어 어떤 물건을 생산할 때 어떻게 이윤을 극대화하고 비용을 최소화할 수 있는지 그 연관성 속에서 미분학의 맥락을 이해하게 하는 식이다. 다

순계산이나 공식 암기 문제를 푸는 일은 거의 없다.

— 수학을 배울 때 가장 중요한 건 배움의 목적을 아는 거예요. 수학
   은 비즈니스를 비롯해 삶의 많은 부분에서 좋은 결정을 내릴 수
   있도록 도와줘요. 그러므로 학생들이 수학이 현실세계에서 어떻
   게 응용되는지 아는 건 아주 중요해요.

   피터, 닐스브록 국제학교 교감

— 덴마크 수학교육이 '현실적인 적용'에 중점을 두는 것은 학생들
   이 더 잘 이해할 수 있기를 원하기 때문이에요. 수학은 논리적인
   사고방식으로 문제를 해결하는 건데, 개념과 원리에 대한 지식을
   쌓은 후에는 실생활에서 사용할 수 있어야 진정한 이해가 완성되
   지요.

   잉그리드, 닐스브록 국제학교 수학교사

이에 반해 한국의 수학교육은 제한시간 안에 고득점을 올릴 수 있
는지를 평가하는 방식으로 이루어지고 있다. 시간을 재며 반복적인 문제
풀이에 내몰린 아이들은, 충분히 생각할 기회도 수학에서 얻을 수 있는
즐거움도 느끼기 어렵다. 즉 한국의 수학교육은 성취보다 실패와 좌절을
거듭 경험하게 하는 방식이다. 이렇게 되면 원래 수학을 좋아하고 잘하던
아이들조차 불안함을 느끼게 되고 수학을 싫어하게 된다. 아주대학교 박

형주 총장은 우리의 수학교육이 "깊이 생각하지 말도록 부추기는 교육"이라고 말한다.

이는 시험문제가 출제되는 양상을 보면 더욱 극명하게 알 수 있다. 덴마크의 대학수학능력시험SAT의 경우 연관 있는 주제로 세 문제 정도씩 묶은 그룹 문제를 출제한다. 프랑스의 경우도 대문제가 있으면, 그 아래에 연계된 하위 문항들이 있고, 앞의 문제를 해결하면 뒤의 문제에 대한 힌트를 얻을 수 있다. 시험문제가 학생들에게 생각의 방향을 제시해주는 방식이며, 시험시간도 4시간에 서술형 평가다. 즉 아는 만큼 적으면 답이 틀려도 부분점수를 받는다. 반면 우리나라 수능은 완전히 독립된 문제들이다

— 우리나라 수능은 서른 문제가 완전히 독립된 문제들이에요. 다시 말하면 생각의 연결이 이뤄지기 힘든 구조입니다. '생각 연습'의 과정이어야 할 수학교육이 현행 교육과정에서 '짧은 시간에 많은 문제를 풀어내는 기술'로 변질됐어요. 한 문제만 틀려도 등급이 내려가니 수학에 재능 있는 학생들조차 수학이 공포스러울 수밖에 없죠.

과연 어느 쪽이 수학에 대한 실력을 키우는 데 도움이 되는 방식일까. 한 가지 분명한 것은 짧은 시간 안에 많은 문제를 빨리 푼다고 해서 수학적 사고력이 커지지는 않을 것이다.

수학 불안 문제가 중요한 이유는 단지 수학의 학력수준 저하 현상이 심해지고 있어서만은 아니다. 해마다 수포자는 늘어나는데 시대 흐름상 수학공부에 대한 필요성은 점점 커지고 있기 때문이다. 이런 시대적 요구 속에 우리나라에서 의미 있는 행사가 진행되었다. 2019년 여름 방학 기간에 수학 불안지수가 특히 높은 인문계 고등학교 1학년 학생들을 대상으로 '수학불안캠프'가 진행되었다. 캠프를 운영한 단국대학교 수학교육과 고상숙 교수는 수학불안캠프를 기획하게 된 배경에 대해 이렇게 말한다.

— 사실 우리나라 국민 대부분이 수포자라고 해도 과언이 아니에요. 학창 시절 수학공부를 열심히 했던 사람도 대학입시가 끝남과 동시에 수학에서 손을 놓아버리니까요. 불안감만 주었던 지긋지긋한 수학과 결별하는 데에 일말의 서운함도 없습니다. "수학 못해도 사는 데 지장 없다" "인공지능이 있으니 수학은 더 필요 없어졌다"고 당당히 이야기합니다. 그러나 4차 산업혁명 시대, IT 기술의 발달 등으로 사회 전반에서 수학의 중요성이 커지고 있습니다. 수학 경쟁력을 키우는 데 전 세계가 주력하고 있는 상황입니다. 수학 불안에 대한 연구가 세계적으로 활발히 진행되고 있는 이유이기도 합니다. 지금 커가는 학생들은 조금 다른 수학교육을

받아야 하지 않을까 하는 생각에 수학불안캠프를 마련했습니다.

수학불안캠프에서는 덴마크 학생들이 어려워도 즐기며 수학을 공부했던 것처럼, 참가 학생들이 수학의 즐거움을 느끼고 수학공부를 해나갈 내적 동기를 강화할 수 있는 프로그램들로 구성되었다. 불안이라는 감정이 완전히 소거되기는 불가능하므로 학생들이 수학 불안이 생길 때마다 스스로 통제하고 조절하며 관리할 수 있는 역량을 키우는 데 목적을 두었다.

수학 불안 요인 가운데에는 수학교육에서 쉽게 적용할 수 있는 '수학 내적 요인' '학습방법 요인'과 관련된 불안을 조절하는 데 주로 초점을 맞추었다. 성적 및 시험 요인으로 생기는 불안이나 사교육 등의 '수학 외적 요인'으로 오는 불안의 경우, 프로그램을 통해서 조절할 수 있는 불안 요소가 아니기 때문이다.

수학 내적 요인은 '문제 해결력, 수학 표상, 수학적 의사소통, 추상성'이라는 세부 요인으로 이루어진다.

- 문제 해결력 요인: 사용할 수학적 개념을 알고 있어도 적용 방법을 모르는 등 수학문제를 해결할 때 생기는 어려움에서 오는 불안

- 수학 표상 요인: $A = \{x \, | \, x-5 \leq 1\}$ 와 같은 기호로 채워진 문

장을 볼 때 다양한 수학적 표상과 관련해서 오는 불안

- 수학적 의사소통 요인: 수학내용을 기호가 아닌 문장으로 표현할 때와 같은 상황에서 의사소통이 어려울 때 나타나는 불안

- 추상성 요인: 수학적 개념이나 용어가 구체적인 예시 없이 제시될 때 수학의 추상화에서 오는 불안

학습방법 요인에는 '학습방법 및 경험, 자기통제, 동기유발'의 세부 요인이 있다.

- 학습방법 및 경험 요인: 부정적인 학습 관련 경험이나 학습방법으로 생긴 불안

- 자기통제 요인: 자제력, 인내심, 의지 및 집중력 부족으로 생긴 불안

- 동기유발: 수학을 배우는 이유를 모르는 등 내적 및 외적 동기 부족으로 생긴 불안

이런 불안 요인을 줄이기 위해 수학불안캠프에서는 'K-UTF 프

로그램'이 적용되었다. 이 프로그램은 미국 웨슬리안 대학교의 수학불안클리닉 프로그램을 분석하여 한국의 교육 현실에 맞게 수정 보완한 것이다.

웨슬리안 대학교의 수학불안클리닉 프로그램을 개발한 토바이어스Tobias 교수는 수학을 배우는 목표는 '수학 정신건강'이어야 하며, 이는 수학이 필요할 때 수학을 기꺼이 배우려는 의지라고 했다.

일반적으로 초등학교에서 안 좋은 경험들, 예를 들어 원하지 않는 상황에서 교사한테 억지로 불려나갔는데 칠판 앞에서 문제를 잘 해결하지 못했을 때의 느낌, 시간제한 시험에서 문제를 잘 풀지 못했을 때의 느낌 등이 누적되어 '수학 불안'이 심해지고 '수학 정신건강'이 망가진다. 그는 수학 정신건강을 회복하기 위해서는 교사가 학생의 속도에 맞추어 기다려주고 충분한 복습훈련의 기회를 주며, 학생들이 스터디 그룹 등을 통해 도움을 주고받는 경험을 쌓을 수 있도록 해야 한다고 말한다. 그래야 수학 불안을 자율적으로 관리할 수 있는 힘이 생긴다고 주장했다. 그러면 구체적으로 이 캠프에서는 수학 불안을 어떻게 해결했을까?

: 불안은 어떻게 조절할 수 있을까

나흘 동안 총 10차시로 진행된 수학불안캠프의 K-UTF 프로그램은 '수학 불안 이해U, understanding' '심리적 처치와 인지적(수학적) 처치

$T, treatment$''심리적 피드백과 인지적 피드백$F, feedback$'의 세 단계로 이루어 졌다.

U단계는 학생 스스로 수학에 대한 자신의 심리적 불안을 이해하 는 단계로 U단계가 적용된 1차시에서는 무엇이 어떻게 불안한지, 언제부 터 수학 불안이 시작되었는지, 어떤 것이 배우기 어려운지 등에 관한 '수 학 불안 진단검사' 활동지를 작성하면서 학생들이 자신의 수학 불안을 들 여다볼 수 있도록 했다. 시카고 대학교 심리학과 베일럭 교수의 연구에 의하면 자신의 마음속을 있는 그대로 담아내는 '표현적 글쓰기'는 수학 불안을 줄이는 데 도움이 된다. 수학시험을 앞두고 생긴 수학 불안을 직 접 글로 표현한 집단은 시험 전 그저 조용히 기다리거나 수학 불안과 관 계없는 내용의 글쓰기를 한 집단에 비해 성적이 올랐다. 자신의 문제를 관찰하는 데 뇌를 사용한 것이 불안을 감소시키는 핵심적인 역할을 한 것 이다. 활동지 작성을 끝낸 학생들은 발표를 통해 서로 경험을 공유하면서 혼자만 수학 불안을 겪는 것이 아니라 누구나 경험한다는 것을 깨닫는 시 간을 가졌다.

— 저는 개념을 적용해서 문제를 풀 때 불안해요. 수업에서 개념을 완벽하게 이해하지 못했는데 그걸 가지고 시험을 봐야 하니까요.

— 중학교 때부터 수학 불안이 시작됐어요. 수업을 들을 때 친구들은 다 이해하는데 저 혼자 뭔 소린지 모르는 바보 같았어요. 시험문

제를 풀 때면 문제를 읽고 또 읽어도 파악이 안 돼 문제만 읽다가 시간이 다 간 적도 있어요.

— 초등학교 때 원주율을 배울 때 너무 어렵더라고요. 그때부터 수학 불안이 시작됐는데 저는 불안을 느끼면 당황해서 눈물이 나요.

2차시부터 9차시까지는 수학의 즐거움을 깨닫도록 하는 심리적, 수학적 처치가 이루어지는 T단계다. 먼저 수학적 처치로는 '수와 친해지기' 프로그램과 '대수와 함수의 가치를 교육하는' 프로그램이 준비되었다.

수와 친해지기 프로그램으로는 스탠포드 대학교 교육학과 조 볼러Jo Boaler 교수의 『스탠포드 수학공부법』에 실린 두 가지 게임이 이용되었다. 첫 번째 게임은 빈칸이 백 개 있는 종이에 주사위 두 개를 굴려, 나온 두 수의 곱만큼 칸을 채우는 것이었다. 빈칸 어디든 배열할 수 있는데 칸을 채운 다음에는 그 배열을 설명하는 수식을 써 넣는다. 빈칸을 최대한 채우는 것이 목표이며 더 이상 배열을 그려 넣을 수 없을 때까지 게임은 지속된다. 이 활동을 통해 학생들은 곱셈을 시각적, 공간적으로 표현하는 힘을 키울 수 있다.

두 번째는 '네 개의 4' 게임으로 네 개의 4와 수학기호만으로 1부터 20까지 만드는 것이다. 예를 들어 3은 하나의 방법으로 만들어지지 않고 $3 = \{(4 \times 4) - 4\} \div 4 = 4 \div \sqrt{4} + 4 \div 4$와 같이 다양한 방법으로 만들 수 있다. 모범답안이 절대적인 답안이 아니라 다양한 방법 가운데 하나일 뿐이라는 사실을 깨달을 수 있는 게임이다. 두 게임 모두 짝을 이루어 진행되어, 참가 학생들은 둘씩 머리를 맞대고 협동하며 적극적으로 문제를 풀었다.

　　본격적인 수학적 처치로는 대수(일차 방정식)와 함수(일차 함수)를 주제로 다양한 실생활 문제를 접하도록 했다. 실생활 문항은 핀란드 중학교 9학년 수학교과서 문제를 수정하여 사용했다. 캠프에서 제시한 일차 방정식과 관련된 수학적 처치 문항 가운데 하나를 소개한다.

　: 　아이패드가 내 품에

　　윤지는 예전부터 아이패드가 너무 가지고 싶어 몇 달간 용돈을 모았습니다. 때마침 근처 전자마트에서 다음과 같은 행사를 하고 있어 이번 기회에 그토록 가지고 싶었던 아이패드를 구매하려고 합니다.

① 아이패드의 진짜 가격은?
② 아이패드의 기존 보증기간은 6개월인데 2만 원을 추가할 시 2년으로 연장이 가능합니다. 연장권까지 구매한다면 얼마를 내야 할까요?
③ 윤지는 현재 70만 원을 모았는데요. 아이패드를 사고 나면 얼

마를 더 쓸 수 있을까요?

④ 윤지는 남은 돈으로 무엇을 살까 고민하다가 선착순 100명에 포함되었다는 말을 듣고 아이패드 액세서리와 온라인게임 이용권 몇 개를 사려고 합니다. 온라인게임 이용권은 몇 개까지 살 수 있나요?

⑤ 며칠이 지나도 윤지는 블루투스 이어폰이 너무 사고 싶네요. 그럼 얼마를 더 모아야 할까요?

⑥ 생각해보니 아이패드와 아이패드 액세서리, 온라인게임 이용권을 구매하여 적립금이 쌓여 있네요. 적립금은 총 구매금액의 10%이며, 다른 물건을 구입할 때 사용할 수 있다고 합니다. 사용할 수 있는 적립금은 얼마인가요?

⑦ 아, 그럼 다행이에요. 모아야 되는 돈이 더 줄었어요. 윤지는 블루투스 이어폰을 구입할 때 적립금을 쓰기로 결정했어요. 그럼 윤지는 얼마를 더 모아야 할까요?

⑧ 윤지는 부족한 돈을 마련하기 위해 마침 학교에서 열리는 녹색시장에 참여하기로 했어요. 자신이 현재 읽지 않은 책 20권과 노트 10권, 미개봉 텀블러 2개를 팔려고 합니다. 가격 책정을 어떻게 하면 될까요? 자유롭게 답해보세요.

학생들은 평소 문제집에서 볼 수 없었던 문제에 흥미를 느꼈다. 학교에서와 달리 혼자 풀지 않고 친구들과 서로 질문하고 도움을 주고받으며 문제를 풀었고, 용기를 내서 칠판 앞에 나가 풀이과정을 저으며 발표하기도 했다. 일차 함수에서도 성인, 노인, 시각장애인의 보행속도와 횡단보도 보행신호 길이에 관한 문제 등 실생활과 연계된 문제를 풀었다. 학생들이 문제를 해결한 후에는 교사가 대수와 함수의 개념을 설명하고, 실생활에서 대수와 함수가 어떻게 다양하게 적용되는지 알려주었다.

— 학교에서 풀던 문제들은 '문제를 위한 문제' 같았거든요. 아무 데도 쓸모없는. 그런데 이번 캠프를 통해서 심지어 빵을 만들 때도 수학이 쓰인다는 걸 알게 되었어요. 일상에서 활용하는 수학이라니 신선하고 놀라워요.

— 어려운 문제들만 풀다가 실생활에서 일어나는 일들에 미지수를 정해놓고 방정식처럼 푸니까 수학이 쉽게 느껴지고 마음이 편해졌어요. 방정식인 줄 몰랐는데 풀다 보니 방정식이고, 함수인 줄 모르고 풀었는데 함수인 게 재밌었어요.

: 성공의 경험과 노하우가 축적되게

심리적 처치로는 일리노이 대학교 마가렛 위렌버그Margaret Wehren-berg 교수의 불안치료 내용을 교육 현장에 맞게 수정 보완한 '계획 세우기' 방법을 적용했다. 마가렛 교수는 자신감을 가지고 자신의 문제를 적극적으로 해결하려고 해야 걱정을 이겨낼 수 있으며, 무언가 잘못된 것 같다고 걱정만 늘어놓는 사람들도 실은 그 문제를 스스로 해결할 수 있는 능력을 이미 가지고 있는 경우가 종종 있다며 계획 세우기를 제안했다.

수학불안캠프에서는 계획 세우기를 총 여섯 단계로 구성하여 제시하였다.

1 수학문제 접한 후 기분 표현하기
2 해결책에 대한 목록을 마음껏 작성하고 그 가운데 제일 좋다고 생각하는 방법 선택하기
3 선택한 방법을 실행할 행동계획 수립하기
4 계획 실행하기
5 실행한 계획에 대해 평가하기
6 다시 문제를 풀어보고 변화된 기분 경험하기

마가렛 교수 방법에 새롭게 추가된 것은 마지막 단계다. 수학문제 중 해결하지 못한 문항에 대해 비슷한 유형의 문항을 제공하여 다시 문제를 풀어보게 했다. 그래서 자신의 기분이 어떻게 변했는지 스스로 알게 했다. 또 부정적인 감정이 긍정적인 감정으로 변하는 과정을 경험할 수 있도록 했다.

학생들은 아르바이트 임금 및 연봉 협상에 관한 문항, 자동차 대

출에 관한 문항, 인터넷 회선 전송속도와 파일 다운로드에 관한 문항, 파티셰가 되어 자신의 가게를 오픈하는 행사와 관련한 문항, 이사 가는 상황에 관한 문항 등 대수와 함수 과제들을 계획 세우기 방법을 도입하여 풀었다.

학생들의 활동에는 반드시 피드백이 뒤따랐다. F단계에서 교사는 심리적 피드백과 인지적 피드백을 세심하게 했다. 심리적 피드백은 학생들의 이야기에 충분히 공감하고 평소 학생들이 스스로 인지하지 못하는 그들의 장점을 간단하게 메모지에 써서 붙여주었다. 비판과 충고보다는 격려와 칭찬을 하는 방식으로 이뤄졌다.

교사는 인지적 피드백 과정에서 해결하지 못한 문항에 대해 풀이 방법보다는 근본적인 문제점이 무엇인지 알려주었고, 그 문항을 해결하기 위한 주요개념에 대해 이해할 수 있도록 도와주었다. 또 비슷한 문제를 제공해 학생들이 재도전을 통해 성취감을 느낄 수 있도록 했다.

마지막 10차시는 다시 U단계였다. 참여 학생들은 캠프 참여 후 수학에 대해 변화된 감정을 그래프로 나타내고, 자신의 감정이 어떻게 변화했는지 친구들에게 발표했다. 자기 평가를 통해 부족한 점이 무엇이며, 추후 수학 불안을 느낄 때 어떻게 그 감정을 관리할 것인지 생각하는 시간도 가졌다.

— 캠프를 하기 전에 수학에 대한 저의 호감도는 음수였는데 이제 양수가 되었어요.

다시, 공부 다시, 학교

— 수학은 하기 싫은데 억지로 해야 하는 재미없는 과목이라고 생각
했는데 캠프에서 처음으로 흥미를 느꼈어요.

— 항상 제가 수학을 못한다고 생각했거든요. 그런데 못한다고 단정
해버려서 수학이 더 어렵게 느껴졌던 것 같아요. 캠프에서는 한
문제에 오래 시간을 들여 집중적으로 고민하며 풀었잖아요? 그랬
더니 생각보다 문제를 많이 풀 수 있더라고요. 거기에 자신감이
생기니까 수학이 좀 좋아졌어요.

— 틀리더라도 끝까지 해보고, 틀려야겠다는 생각을 하게 되었어요.
예전에는 안 풀리는 문제는 짜증부터 났는데 수학을 대하는 제 태
도가 좀 바뀐 것 같아요.

학생들은 처음으로 자신만의 속도에 맞춰 충분히 생각해보고, 수
학에 대한 성취감도 맛봤다고 했다. 평균 4점대에 가깝던 높은 수학 불안
지수는 캠프 이후 현저하게 감소했고, 인지적 성취도에서도 발전된 모습
을 보였다. 학생들은 캠프를 통해 정답을 맞히고 좋은 점수를 받는 것만
이 수학의 전부가 아니라는 것을 깨닫는 긍정적인 경험을 했고, 이것이
수학 불안을 감소시키고 관리하는 데 도움이 되었음이 분명해 보였다.

고상숙 교수는 수학불안캠프를 통해 학생들이 '두 가지 유의미한
경험'을 한 것에 주목해야 한다고 했다. 첫째, 공식을 외워 문제를 푸는

도구적 이해의 수학만 하던 학생들이 수학적 개념과 원리를 실생활에 적용하는 '관계적 이해의 수학'을 경험했다는 것이다. 이는 아이들에게 수학공부에 대한 동기와 만족감을 부여했고 '생각하는 수학'이 무엇인지 알게 했다. 둘째, 문제 해결에 실패했을 때 좌절하는 것이 아니라 잘한 부분과 잘 못한 부분을 구분하고 '잘 못한 부분에서 빠져나가는 방법'을 짧게나마 경험했다는 점이다. 성공의 경험과 노하우가 축적되면 불안은 감소하기 마련이다.

불안은 언제나 실력 발휘에 걸림돌이 된다. 베테랑 배우도 불안하면 무대 위에서 수백 번 읊었던 대사를 틀리는 법이다. 그런데 실수로 한 문제만 틀려도 승부가 판가름 나는 공부라면 학생들이 불안을 느끼지 않을 도리가 없다. 그러나 이번 수학불안캠프에서 보듯이 시험과 관련해 현실에서 바뀐 게 없는 상황에서도 불안은 줄어들 수 있고, 스스로 불안을 관리할 자신감도 만들 수 있다.

수학과 같이 어렵고 정보를 적극적으로 처리하는 집행 기능이 중요한 공부일수록 맥락 속에서 이해할 수 있어야 재미와 의미를 발견할 수 있고 생각이 확장된다는 점을 잊지 말아야 한다. 공부의 효용성을 스스로 느끼게 되면 좀 불안하더라도 기꺼이 이겨내고 노력할 것이기 때문이다. 어려운 공부일수록 심리적 요소의 관리가 얼마나 중요한가. '학습'과 '교육'이란 이 부분의 관리까지 이루어져야 한다.

다시, 공부 다시, 학교

5 교과서를 이해하지 못하는 아이들

: "교과서를 읽어도 무슨 뜻인지 모르겠어요"

한 고등학교 교실에서 학생들을 위해 특별한 수업을 마련했다. 어휘력을 기르는 수업이다. 교과서를 읽어도 무슨 의미인지 모르겠다는 학생들이 많았기 때문이다. 예시문에서 각자 어려운 단어를 찾아 익명게시판에 올리고 그 의미를 함께 유추해보기로 했다. '과업' '부가가치' '낙관' '단편적' 등 아이들이 뜻을 잘 모르겠다고 올린 단어들이 많았다.

선생님과 함께 한 단어씩 의미를 알아가는 가운데 'AP통신 등 유수의 언론기관'이라는 구절에서 '유수'의 뜻을 유추해보라고 하자 학생들은 '셀 수 있다' '청산유수' '수영장에 있는 유수풀' 등을 언급했다. 제대로 뜻을 아는 학생이 없었다. 홍수봉 고등학교 교사는 단어 때문에 수업시간에 벌어진 웃지 못할 상황에 대해 이야기해주었다.

— 언젠가 모의고사를 본 뒤 한 아이가 시험지를 들고 뛰어왔습니다. 성립이 안 되는 문제가 있다면서요. '기차의 기적 소리'라는 내용이 들어간 시였는데 '기적'의 뜻을 '미라클miracle'이라고 생각한 거였어요. 또 '머리에 서리가 내렸다'는 문장을 보고 학생 한 명이 "머리에 서리가 내리는데 왜 여름이에요?" 한 적도 있었습니다.

홍수봉 교사는 많은 학생들이 글씨는 읽을 수 있지만 의미를 이해하지 못해 사회, 역사, 과학 교과서를 혼자 읽지 못한다고 했다. 글을 읽고 쓸 수 있기에 '문맹'은 아니지만 지식과 정보가 담긴 글을 이해하는 '문해력'이 현저히 떨어지는 '실질적 문맹' 상태라는 것이다. 교육 방침으로 학생들의 사고력 확장을 위해 수학문제를 서술형으로 낸다고 하는데, 문해력이 부족한 상태에서는 수리 능력이 있어도 문제 해결이 불가능하다. 우리나라 학생들의 국제학업성취도평가PISA 결과, 읽기 분야에서 교과서조차 이해하기 어려운 하위 수준의 비율이 2006년 5.7%에서 2013년 13.6%, 2018년 15.1%로 크게 늘었다.

광주과학기술원 기초교육학부 김희삼 교수는 문해력 문제는 당장의 학업성취도에서 그치는 게 아니라고 말한다. 문해력이 낮다는 건 학생이 새로운 것을 배울 수 있는 기본적인 도구를 갖추고 있지 못하다는 것을 의미하기 때문이다.

— 문해력이 없으면 자기 적성에 맞는 무언가를 찾았다 해도 그것을

습득하는 데 큰 어려움이 있을 겁니다. 그런 면에서 미래를 살아 갈 무기를 가지지 못한 것이라고 할 수 있어요.

문해력을 가장 많이 키워주는 국어 과목을 '도구 교과'라고 하는 것은 문해력이 다른 모든 학습을 해나가는 기본 도구이기 때문이다.

2016년 세계경제포럼WEF은 '기초 문해력, 역량, 인성'의 세 부분으로 나눠 '21세기 인재가 갖춰야 할 핵심능력 열여섯 가지'를 발표했다. 이 가운데 기초 문해력은 '문해력, 수리력, 과학 문해력, ICT 문해력, 경제 문해력, 문화·생활정치 문해력'을 포괄한다. 문해력은 학교 교육에서뿐만 아니라 세상을 살아가는 데 필요한 기본적인 학습 역량이자, 매일 새로운 정보가 쏟아지는 정보화 시대에 정보를 올바로 읽어내고 활용할 수 있는 핵심 자질인 것이다.

국가평생교육진흥원에서 2017년 실시한 우리나라 성인 문해력 조사 결과에 따르면 복잡한 내용의 정보를 이해하지 못하는 '실질적 문맹'이 961만여 명(22.4%)이었고, 이 가운데 일상생활에 필요한 기본적인 읽기, 쓰기, 셈하기가 불가능한 인구가 311만여 명(7.2%)이었다.

또한 2014년 22개국을 대상으로 한 OECD 조사 결과, 우리나라는 실질적 문해력에서 최저 점수를 기록했다. '생활정보가 담긴 각종 문서에 매우 취약한' 사람의 비율은 38%로 OECD 회원국 평균인 22%보다 훨씬 높은 반면 '첨단정보와 새로운 기술, 직업에 자유자재로 적응힐 수 있는 고도의 문서 독해 능력을 지닌' 사람은 2.4%로 노르웨이

(29.4%), 덴마크(25.4%), 핀란드(25.1%), 미국(19%)에 비해 형편없이 낮았다. 대학을 졸업한 고학력자들의 문서 독해 능력을 비교하는 OECD의 국제 성인 문해력 조사 점수도 한국이 22개국 중 꼴찌였다.

: 초등학교 입학 시기 벌써 벌어진 문해력 격차

흔히 한글은 세계에서 가장 배우기 쉬운 언어라고 한다. 그래서 우리나라는 전 세계에서 가장 낮은 문맹률을 자랑하는 국가이기도 하다. 그런데 왜 문해력이 낮은 걸까?

이 문제에 대한 단초를 찾기 위해 글을 배우는 시기에 있는 초등학교 저학년 아이들을 찾아가보았다. 청주 분평초등학교 2학년 교실에서는 빙고게임이 한창이었다. 열심히 써내려가는 친구들과 달리 지윤이는 글씨를 한 자도 쓰지 못하고 있었다. 편지를 쓰고 친구들끼리 서로 바꿔 읽어주기를 한 국어 시간에도 또박또박 잘 읽는 친구들과 더듬더듬 읽는 지윤이는 비교가 많이 되었다. 지윤이는 친구들 앞에서 무언가 소리 내어 읽어야 할 때면 자신도 모르게 움츠러들었다.

초등학교에 입학하기만 하면 모든 아이들이 한글을 깨치고 글을 읽고 쓰게 될 거라고 당연하게 기대하지만 실제 우리 교실의 상황은 그렇지 않다. 아직 읽고 쓰는 것이 낯선 지윤이 같은 아이들이 많이 있다. 일주일에 한 번 보는 받아쓰기는 지윤이가 가장 두려워하는 시간이다. 받아쓰기가 시작되기 바로 전까지 글자를 외우고 또 외웠지만 받아쓰기를 마친 지윤이는, 모든 문제에 틀렸다는 표시를 했다. 스스로 0점이라고 채점하고는 풀이 잔뜩 죽었다.

— 저도 받아쓰기 100점 맞아서 엄마, 아빠한테 자랑하고 싶은데, 아는 글씨도 다 틀려서 슬퍼요. 공부가 재미없어요. 선생님이 말씀하신 걸 공책에 따라 쓸 때 칠판에 안 써 있으면 힘들어요. 애들은 엄청 빨리 쓰니까 선생님이 그냥 바로 다음으로 넘어가시거든요.

지윤이는 자신이 친구들보다 늦다는 걸 누구보다 잘 알고 있었다. 초등학교 2학년밖에 안 됐는데 왜 이렇게 격차가 벌어지게 된 걸까. 갓 입학한 학생들을 대상으로 청주교육대학교 문해력 지원센터에서 읽기 능력 검사(초기 문해력 검사)를 한 결과, 또래보다 발달이 더딘 아이들이 11%인 것으로 나타났다. 백 명 중 열한 명이라는 것이다. 초등학교에 입학할 시점의 아이들이 이미 같은 출발선상에 있지 않다는 말이다.

초기 문해력 교육의 중요성을 강조한 영국학자 제니 라일리Jeni Riley는 자신의 논문 「어린이들의 발달 단계상 적합한 읽기 및 쓰기 교육」에서 개별적인 특성과 경험의 차이 때문에 만 다섯 살(영국의 1학년) 아동의 교실에서는 세 살 수준의 아이부터 여덟 살 수준의 아이까지 약 5년 차이가 나는 것이 일반적이라고 밝혔다. 엄훈 청주교육대학교 문해력 지원센터장은 우리나라의 경우도 영국과 다르지 않다고 말한다.

같은 1학년이라도 읽기 능력에서 차이가 많이 납니다. 평균에 비해 격차가 1년 정도 떨어지기 시작하면 아이가 읽기 부진을 경험하기 시작하고, 2년 정도 뒤처지면 매우 심각한 읽기 부진을 경험하게 됩니다. 일반적으로 똑같이 이루어지는 교실 수업에서 그 아이들이 수업을 따라갈 수 있을 거라고 생각하는 것은 오산입니다.

'뱀'과 '개구리'라는 두 낱말을 아이에게 제시하고 이 가운데 어느 낱말이 긴지 물어보면 만 세 살 정도의 아이들은 뱀이라고 답하고, 만 다섯 살쯤 되는 아이들은 개구리라고 답하는 것이 일반적이라고 한다. 이 차이는 말소리를 다루는 상위 인지 능력의 유무에서 나온다. 만 세 살 수준의 아이들은 말소리 자체를 대상으로 사고하는 능력이 없다. 그런데 이 능력은 시간이 지난다고 저절로 생기는 것이 아니라 문해력 환경 속에서 지속적으로 자극을 받을 때 발달한다. 그래서 어떤 아이들은 초등학교에 들어왔지만 이러한 능력이 없는 경우가 있고, 그럴 경우 만 세 살 수준이라고 볼 수 있다.

출생 직후부터 학교에 입학하기 전까지 각자가 가진 환경의 차이에 따른 문해력 격차는 학년이 올라간 뒤에도 그대로 유지되는 특성을 보인다. '읽기' 즉 문해력은 '매튜 이펙트Mattew Effect'가 잘 나타나는 영역이다. 매튜 이펙트란 부자는 더욱 부자가 되고 가난한 자는 더욱 가난해지는 '빈익빈부익부' 현상을 가리키는 말로, 사회학자 로버트 머튼이 마태오복음 25장 29절에서 따와 이름 붙인 것이다. 이를 읽기에 적용하면 입학할 때 잘 읽는 아이들은 학년이 높아질수록 점점 더 잘 읽게 되고, 못 읽는 아이들은 발전하지 않아 격차가 벌어지게 된다.

출생 직후부터 만 여덟 살까지의 문해력을 '초기 문해력'이라고 한다. 이 초기 문해력을 습득하지 못한 아이는 고학년이 되어도 제대로 읽기를 할 수 없게 될 가능성이 높다. 엄훈 교수는 자신의 저서 『학교 속의 문맹자들』에 나오는 사례를 들어 초기 문해력을 가지지 못한 학생이 학교 교육을 따라갈 수 없는 이유를 설명했다.

— 초등학교 1학년의 한 아이는 읽고 쓸 줄 아는 낱말이 자기 이름과 누나 이름밖에 없었어요. 그나마도 초성, 중성, 종성의 순서 없이 글자 전체를 그림처럼 그렸어요. 아이는 발달 단계에서 낱말을 그림처럼 읽어내는 낱말 읽기 첫 단계인 로고그래피에 머물러 있었습니다. 그러니까 낱말 안에 여러 개의 소리가 있고 각각의 소리에 낱글자들이 대응된다는 걸 감도 못 잡은 상태였죠. 초등학교 1학년 첫 단원에서 자음자를 두 번째 단원에서 모음자를 세 번째 단원에서 자음자와 모음자를 결합한 음절을 가르치고, 좀 더 나가면 받침글자까지 조합하는 방법을 가르치는데 그런 접근 방법이 전혀 안 통하는 겁니다. 하나의 음절 안에 여러 개의 소리가 있다는 걸 모르니까요. 이런 아이들은 학교 교육과정을 전혀 따라갈 수가 없습니다.

지윤이는 원래 자신감이 넘쳐 자기가 먼저 하겠다고 나서는 아이였다고 한다. 그런데 학교에 다니면서 "나는 잘하는 게 없다"는 말을 하며 어느 순간부터 의기소침해 있는 시간이 많아졌고 밝은 모습이 사라졌다. 친구들은 지윤이가 로봇처럼 책을 읽는다며 그걸 따라하기까지 했다.

— 읽기 부진을 경험하는 아이들은 친구들 사이에서 자존감이 뚝 떨어집니다. 그러다 보면 활동을 기피하게 되고 정서적으로 심각한 문제가 생깁니다. 읽기의 문제가 생활 전반의 문제로 확산되는 거죠.

엄훈, 청주교육대학교 문해력 지원센터장

어버이날을 맞아 부모님께 편지 쓰는 시간을 가졌는데 지윤이는 '제가 노력을 안 해서 죄송합니다'라고 적었다. 지윤이의 생각처럼 이 문제가 과연 지윤이의 노력이 부족해서 생긴 것일까. 남들보다 배우는 속도가 조금 느릴 뿐인데 지윤이는 자신을 탓하는 아이가 되어버렸다.

: "노력하는데 왜 안 될까요"

이번에는 중학생들을 찾아가보았다. 초등학교 6년 동안 한글을 배우고 졸업한 중학생들은 글을 읽을 줄 알게 되었으니 상황이 나아졌을까? 전혀 그렇지 않았다. 초등학생 지윤이는 읽기 쓰기가 안 돼 자신을 책망하면서도 자기도 친구들처럼 받아쓰기 100점을 받아 엄마, 아빠를

다시, 공부 다시, 학교

기쁘게 해드리고 싶다고 했다. 그러나 중학생이 된 아이들은 어느 순간 '포기'를 먼저 말하고 있었다.

— 항상 왜 저만 그렇게 혼나야 하는지 잘 모르겠어요. 그냥 수업을 포기하고 싶어요.

— 알아듣지도 못하고 공부해도 성적도 안 오르니까 포기하는 게 나은 것 같아요.

무엇이 아이들을 포기하게 만든 걸까? 중학교 2학년 의담이는 주로 엄마와 둘이서 공부한다. 남들처럼 학원도 다녀봤지만 의담이는 자신의 이해속도에 맞춰 차근차근 알려주는 엄마와 하는 수업이 더 좋다. '최선책' '차선책' 등 무엇보다 모르는 단어가 나올 때마다 엄마는 하나하나 더 쉬운 개념으로 설명을 해준다. 하지만 문제 하나에도 모르는 단어가 몇 개씩 나와 새벽 1~2시까지 공부해도 진도는 문제집 한두 장을 겨우 나간다.

의담이는 활발한 성격이고 교우관계도 좋지만 수업시간에는 지루해하고 집중하지 못했다. 문해력이 부족한 의담이는 다른 과목 성적까지 점점 떨어지고 있었다. 엄마는 의담이가 성인이 되었을 때 읽기 능력이 부족해 생활하는 데 걸림돌이 될까 봐 걱정이다.

이런 상황이 비단 의담이네만의 고민은 아닐 것이다. 중학교 2학년 학생 600여 명을 대상으로 아이들이 글을 읽고 얼마나 이해하고 있는지 '읽기 진단검사'를 해보았다. 중학교 1~2학년 교과서 수준의 쉬운 문제들이었다. 한국교원대학교 국어교육과 박영민 교수는 진단검사에서 평균을 밑도는 아이들에게서 공통적인 특징이 발견된다고 말했다.

— 전체적으로 학생들의 이해도를 확인해보면 낱말 뜻을 모르는 경우가 너무 많았습니다. 단어의 의미를 바탕으로 해서 이루어지는 추론이 많은데 그것을 따라오지 못하는 거죠. 추론 능력이 떨어지면 교과서를 읽을 수 없게 되고, 교과서를 못 읽으니까 교과내용을 따라갈 수 없고. 그것이 학습의 결손으로 이어지게 됩니다.

글을 읽을 때 시선이 머무는 지점을 기록하는 아이트래킹 장비를 이용해, 읽기 능력이 떨어지는 학생들의 읽기 패턴을 분석해보았다. 여기에서 중요한 건 시선의 움직임을 나타내는 점인데, 흥미로운 건 그 점이 글의 주요문장이나 핵심단어보다 부수적인 정보와 글씨가 없는 여백에 눈길을 주고 있었다는 점이다. 글에 집중하지 못하는 초보 독자의 전형적인 아이트래킹 패턴이다.

— 지문 외에 화면에 나와 있는 부수적인 정보에 눈동자를 많이 멈추고 있습니다. 텍스트에 한정해서 보지 못하고 시선을 다른 데 분산시킨다는 것은 능숙한 독자의 모습이 아니에요. 글을 읽을 때

주의력과 집중력이 부족하고, 전체적인 내용을 파악하는 데나 글 전체의 내용을 올바른 구조로 표현하는 데 어려움을 겪고 있습니다. 이는 추론 능력이 부족하다는 것을 확인시켜주는 결과이기도 합니다.

박영민, 한국교원대학교 국어교육과 교수

수업시간에 산만하거나 지루해하거나 조는 아이들에게 왜 최선을 다하지 않느냐고 쉽게 말하지만, 막상 그 아이들의 고충에 대해서는 심각하게 생각하지 않는 경우가 많다. 글 읽는 것을 힘들어하는 학생들의 일상은 어떠할까. 의담이는 대부분의 시간을 컴퓨터게임을 하거나 스마트폰으로 동영상을 보면서 지낸다. 하루 중 책을 읽는 시간은 거의 없다. 박영민 교수는 아이들이 평소 글을 읽는 방법이나 습관이 훈련되어 있지 않아서 읽기를 더욱 어렵게 느끼고 멀리하게 된다고 말한다.

— 요즘 학생들의 관심을 많이 빼앗는 것이 스마트폰과 컴퓨터게임 이잖아요. 이게 학생들을 책으로부터 멀어지게 하는 또 다른 원인 입니다. 사람은 기본적으로 일이 힘들면 안 하려고 합니다. 그러 니까 학생들도 책 읽는 것을 자꾸만 회피하는 거죠. 글을 읽어야 만 독서하는 것을 배울 수 있는데 더 재미있는 게 많으니까 그걸 안 하는 거예요.

『생각하지 않는 사람들』의 저자 니콜라스 카는 같은 내용이라 할지라도 종이책으로 읽을 때와 디지털 기기로 읽을 때 우리 뇌는 활성화하는 부분이 각각 다르며, 깊이 있는 읽기는 종이책을 통해서 가능하다고 주장했다.

또한 매리언 울프는 『다시 책으로』에서 인간의 '읽기 회로'가 사라지고 있다고 밝혔다. 책에 따르면 읽기 회로는 '읽기 능력을 뒷받침하는 뇌 속의 회로'이고, 저절로 주어진 게 아니라 읽기를 하는 과정에서 후천적으로 획득하는 것이다. 이것은 상당히 오랜 세월을 거치며 인간이 획득한 중요한 능력이었다. 그런데 최근에 읽기 회로가 사라지고 있는데 그 이유는 멀티미디어 등의 영향으로 '깊이 있게 숙고하면서 읽지 않아서'라고 한다.

학생들의 문해력과 관련해 일본에서 진행된 유의미한 실험이 있다. 일본의 수학자 아라이 노리코 교수는 2011년 〈AI가 대학에 들어갈 수 있는가?〉라는 프로젝트를 실행했다. 이 프로젝트를 위해 아라이 교수는 AI '도로보 군'을 만들어 대입공부를 시켰다. 프로젝트 결과 도로보 군은 전체 수험생의 상위 20%에 들었다. 바꿔 말하면 80%나 되는 학생들이 AI보다 뒤처졌다. 아라이 교수는 교과서에서 문장 수백 개를 뽑아 쉬운 객관식 문제를 만들고 그 문제를 이용해 수천 명에 이르는 고등학생들의 문해력을 테스트해보았다. 다음은 실제로 출제된 문제 가운데 하나다.

: 다음 지문을 읽고 빈칸을 채우시오.

불교는 동남아시아와 동아시아로 퍼졌다. 기독교는 유럽, 북미, 남미, 오세아니아로 퍼졌다.

_____은 오세아니아로 퍼졌다.

① 힌두교   ② 기독교   ③ 이슬람교   ④ 불교

정답은 문제에 이미 나와 있듯이 기독교다. 도로보 군 역시 정답을 맞혔다. 하지만 3분의 1에 해당하는 학생들이 오답을 선택했다. 일본 역시 한국처럼 PISA 시험에서 상위권을 유지하는 나라임에도 이런 결과가 나온 것이다. 애초 이 프로젝트는 AI 시대 학생들에게 필요한 능력을 알아보기 위해 시작한 것이었지만 학생들이 교과서를 읽을 정도의 기본적인 문해력이 없다는 사실만 확인하고 말았다. 정보화 시대 좋은 자료들이 온라인 도처에 널려 있지만 그 혜택은 문해력이 좋은 사람만 받을 수 있고, 그런 능력을 가진 사람이 생각보다 적다는 것이다.

: 언어 발달 격차를 줄이는 뉴질랜드의 리딩 리커버리

그렇다면 읽기가 부진한 아이들을 언제, 어떻게 도와주는 것이 좋을까? 뉴질랜드의 사례를 주의깊게 살펴볼 필요가 있다. 원주민부터 이

민자까지 다양한 인종이 공존하는 뉴질랜드는 '아이들의 언어 발달' 격차가 큰 편이다. 주목할 만한 것은 아동의 읽기 부진 문제를 국가가 해결해야 할 공교육의 책무로 여기고 있다는 점이다.

　　뉴질랜드 오클랜드의 티리모아나 초등학교 2학년 아이들의 읽기 수업시간에 들어가보았다. 리온은 친구들과 달리 아직 교과서를 읽지 못한다. 수업시간에 담임교사가 따로 시간을 내서 지도하지만 이미 친구들과 크게 벌어진 격차를 따라잡기란 쉽지 않아 보였다. 다음 수업시간, 친구들 사이에서 리온의 모습이 보이지 않았다. 리온은 다른 교실에서 리온만을 위한 별도의 수업을 듣는 중이었다. 리온이 매일 받고 있는 개별 수업의 이름은 '리딩 리커버리 Reading Recovery'다.

　　리딩 리커버리는 하루 30분씩 교사와의 일대일 수업을 통해 아이들의 읽기 부진을 바로잡아주는 프로그램이다. 아동 한 명에게 최대 20주, 1년간 120시간까지 지원한다. 뉴질랜드의 입학 시기는 한국보다 1년 빨라서 우리의 유치원에 해당하는 만 다섯 살에 아이들이 초등학교에 입학한다. 뉴질랜드는 학생들이 만 여섯 살인 2학년(한국은 초등학교 1학년) 시기에 리딩 리커버리가 필요한 아이들에게 프로그램을 제공한다. 대상 학생은 1학년 말에 담임교사가 철자와 발음, 속도 등 학생들의 기초 읽기 능력을 정교하게 평가해 선정한다.

　　뉴질랜드에서는 학년별로 도달해야 할 읽기 수준이 정해져 있다. 1학년을 마칠 때면 녹색 단계(12~14단계)를 읽을 수 있어야 하는데, 그 수준에 현저히 못 미칠 경우 리딩 리커버리 대상자가 된다. 리온은 가장

낮은 분홍색 단계(1~2단계)에서 시작해, 이제 막 노란색 단계(6~8단계)를 읽기 시작했다

현재 티리모아나 초등학교에는 세 명의 리딩 리커버리 전문교사가 있다. 이들은 많은 아이들을 돌봐야 하는 담임교사와 달리 읽기 부진 아동만을 전문적으로 교육하며, 아이들의 발전과정을 추적 관찰해 부족한 면을 집중적으로 가르친다.

— 리딩 리커버리 교사가 없으면 기초가 없는 학생들은 학습하기 힘들 겁니다. 학생들은 시간이 갈수록 점점 더 힘들어하고 수업에 잘 참여하지 않게 될 거예요. 문제행동을 할 위험도 있고요. 모든 아이들은 성취감을 느끼면서 교과과정을 이수할 권리가 있어요. 리딩 리커버리 교사들은 아이들이 성취감을 느끼며 교과과정을 이수하도록 돕고 있습니다.

샤론 크로프트, 티리모아나 초등학교 리딩 리커버리 교사

뉴질랜드의 발달심리학자 마리 클레이가 개발한 리딩 리커버리는 읽기에 특별히 어려움을 지닌 아이들을 지원하는 프로그램이다. 리딩 리커버리는 읽기 능력 성취도가 낮은 학생들을 교육해 같은 학년 또래 아이들의 평균적인 읽기 능력으로 끌어올리는 것을 목표로 한다. 더 이상의 추가적인 도움 없이도 교실에서 효과적으로 학습할 수 있는 수준까지 이끌어주는 것이다.

리딩 리커버리의 결과가 매우 성공적이어서 1983년에 뉴질랜드의 국가 교육정책이 되었고, 이후 영어권 국가로 전파되었다. 미국의 경우 1984년부터 2014년까지 30년간 220만 명 이상의 학생들이 리딩 리커버리 수업을 받았다.

뉴질랜드는 80% 정도의 학교에서 리딩 리커버리가 운영되고 있고, 리딩 리커버리가 운영되지 않는 학교는 보조교사를 두거나 담임교사가 다양한 방법으로 읽기 지도가 필요한 아이들에게 도움을 주고 있다. 또한 각 도시별로 리딩 리커버리 센터가 있어서 교사 교육 및 지원, 전문성 개발 등을 담당하고 있다. 리딩 리커버리 전문교사는 3년 이상 저학년을 가르치고 학교장의 추천을 받은 뒤 교육에 참여할 수 있다. 리딩 리커버리 연수 때문에 생기는 교사의 공백은 국가에서 대체강사를 투입해서 지원해 준다. 교육부에서 교육비나 교재비 등 리딩 리커버리 수업에 드는 비용을 전액 지원하는 덕분에 학교나 학부모에게 전가되는 재정 부담도 없다.

리딩 리커버리의 첫 번째 특징은 초등학교 2학년 때 시작하는 '조기 개입 교육'이다. 티리모아나 초등학교 피터 카이저 교장은 리딩 리커버리 수업을 시작하는 만 여섯 살이라는 시기의 중요성에 대해 다음과 같이 강조한다.

— 학생들이 학업을 포기하고 부정적인 학습관을 가지기 전에 조기 개입을 하는 것이 가장 중요합니다. 학업에 어려움을 겪는 학생에게는 리딩 리커버리 수업과 같이 누구든지 도움을 받을 수 있는

조기 개입을 실시하여 낙오되는 학생이 없도록 해야 합니다.

리딩 리커버리의 또 다른 특징은 '개별화 교육'이다. 리딩 리커버리는 정규 수업시간에 대상 아동을 교실에서 데리고 나와 다른 공간에서 지도하는 '풀 아웃Pull out' 방식으로 진행된다. 교실에서 다른 아이들이 배우는 것과 같은 교재로 수업하되, 아이의 발달 단계에 맞는 적합한 방법으로 전문교사가 일대일로 가르친다. 그래서 학생과 부모들이 수업시간에 교실에서 나오는 것에 대해 거부감이 없다고 한다.

리딩 리커버리의 일반적인 절차는 크게 '아이의 눈높이에서 머무르기Roaming around the known'와 '패턴화된 수업'으로 나뉜다. 리딩 리커버리의 처음 10시간 동안 진행되는 '아이의 눈높이에서 머무르기'에서는 아이와 관계를 형성하며 실수해도 괜찮다는 마음을 심어준다. 본격적인 수업이 이루어지는 '패턴화된 수업'에서는 '익숙한 책 읽기' '낱말·글자·말소리 탐색' '문장 쓰기' '새로운 책 소개하기' 등의 단계를 거친다.

티리모아나 초등학교의 리딩 리커버리 교실에서 만난 찰리는 13주째 리딩 리커버리 수업을 받고 있었는데, 아직 8주밖에 안 된 리온보다 훨씬 유창하게 읽었다. 또래보다 1년 정도 뒤처졌던 찰리는 레벨 7부터 16까지 발전해 몇 주 후면 프로그램을 마무리한다고 했다.

— 리딩 리커버리 수업이 재미있어요. 읽는 것이 좋고 읽기 실력이 많이 나아졌다고 느끼고 있어요.

리딩 리커버리 프로그램에 참여한 학생들의 80% 정도가 학급 평균 수준의 읽기 능력에 도달한다. 16% 정도의 아이들은 다른 문제가 있어 읽기에 어려움을 겪는 것인데, 이것을 진단하는 것 역시 리딩 리커버리 과정에서 이루어지는 중요한 과제라고 한다.

또한 뉴질랜드에서는 리딩 리커버리 교육을 성공적으로 끝낸 아이들을 3년 동안 추적 관찰해 필요할 때 도움을 주고 있다. 리딩 리커버리는 읽기가 어려운 아이들에게 더 이상 학습 부진의 늪에 빠지지 않고 마음껏 배울 수 있는 무기를 제공해주고 있었다.

: 조기 개입과 개별화 교육이 문해력을 키운다

앞서 소개한 지윤이도 담임선생님과 읽기 공부를 하기로 했다. 뉴질랜드처럼 리딩 리커버리 지도교사가 따로 없기에, 지윤이의 담임 권혜연 교사는 방과 후 아이들이 모두 집으로 돌아간 시간에 지윤이와 일대일 수업을 시작했다. 읽기 부진은 교실 수업만으로는 따라잡기 쉽지 않아 권 교사는 지윤이만을 위한 체계적인 수업을 준비했다.

또래보다 뒤처졌던 지윤이가 안타까워 개별 수업을 시작한 게 2019년 4월이었고 이후 계절이 세 번 바뀌는 동안 권 교사의 수업은 꾸준히 계속됐다. 아직 어리기 때문에 기다려주면 좋아질 거라 생각할 수 있지만, 그만큼 따라잡아야 할 학습 격차가 커지기에 그냥 두고 볼 수 없었다. 업무로 버거운 와중에도 오로지 선생님이라는 사명감 하나로 버텨온 시간들이었다.

권 교사가 지윤이를 가르칠 수 있었던 배경에는 '읽기 따라잡기' 프로젝트가 있었다. 읽기 따라잡기는 뉴질랜드의 리딩 리커버리를 모델로 우리나라에서 2015년부터 시작한 프로그램이다. 청주 교육대학교 문해력 지원센터를 중심으로 이루어지고 있으며, 읽기 따라잡기 전문교사들을 양성해 읽기 부진아들에게 도움을 주고 있다. 문해력 지원센터를 맡고 있는 엄훈 교수는 교실 수업에서 요구되는 문해력이 갖추어지지 않아 실질적 문맹 상태를 경험하는 아이들의 문제를 근본적으로 해결하고자 읽기 따라잡기 프로젝트를 시작했다고 말한다.

— 읽기가 부진한 중학교 1학년 학생을 두 학기 동안 지도한 적이 있습니다. 지도를 시작할 때 초등학교 2학년 수준이었던 아이가 두 학기 후 4학년 수준까지 올라갈 정도로 큰 변화가 있었어요. 하지만 그 사이 중학교 2학년이 되었으니 또래와의 격차를 따라잡기에는 턱없이 부족했습니다. 고학년이 된 아이를 기대 수준까지 발달시키려면 많은 시간과 노력이 필요해요. 그래서 더 많은 아이들을 더 적은 노력으로 더 빠른 시간 내에 구제하기 위해서 초등학교 저학년 때 개입해야겠다고 생각했고, 읽기 따라잡기 프로젝트를 시작했습니다.

엄훈 교수의 말대로 읽기 따라잡기는 초등학교 1~2학년 학생들을 대상으로 한다. 초등학교 2학년까지는 읽기 자체를 배우는 시기이고, 3학년이 되면 학습을 하기 위한 읽기가 시작된다. 3학년부터는 기본적인 읽기가 된다고 전제하고 읽기를 통한 지식 습득이 요구되는데, 읽기 자체를 학습하는 기본적인 단계를 성취하지 못한 아이들은 이어지는 학습을 할 수가 없다. 초기 문해력은 일종의 발달 과업과 같아 제대로 성취하지 못하면 지속적으로 영향을 끼치는 것이다.

읽기의 실패에서 벗어나려면 아이가 읽기를 성공할 수 있는 수준까지 내려가서 다시 출발해야 하는데, 고학년이 되어서 그 과정을 밟게 되면 다른 친구들은 그 사이 더 높은 단계로 올라가버리기 때문에 격차가 좁혀지지 않는다. 초기 문해력 시기가 끝나는 2학년 전에 집중적으로 읽기 따라잡기 수업을 진행해야 하는 이유다.

읽기 따라잡기 교사연수에서는 참여하는 교사에게 읽기 따라잡기를 진행할 만한 역량을 키워주는 동시에 이 역량을 곧바로 현장에 투입해 읽기에 어려움을 겪는 아동을 일주일에 두 번 이상 지도할 수 있는 방식으로 교육이 이루어진다. 초등 저학년 시기의 문해 학습 실패가 이후 문해력 발달에 끼치는 결정적인 영향을 고려할 때 조기 개입의 시점이 늦어도 초등학교 2학년 이전이어야 하기 때문에 읽기 따라잡기 연수 대상자는 1~2학년 담임교사로 한정하고 있다.

읽기 따라잡기가 추구하는 또 하나의 방향성은 리딩 리커버리와 마찬가지로 개별화 교육이다. 그런데 한국에서는 뉴질랜드와 같은 풀 아웃 방식의 개별화 교육에 대해 부정적인 시각이 많다. 정교사가 할일이 아니라는 사고가 지배적이고 부모들도 방과 후 시간이 아닌 교육과정 안에서 이루어지는 개별화 교육에 동의하지 않는 경우가 많다.

청주 서촌초등학교 이은성 교사는 『초기 문해력』(2019년 겨울호)에서 읽지 못하는 아이가 이미 앞서가고 있는 아이들 속에서 자책하며 괴롭게 수업을 받는 것보다 맞춤형으로 이뤄지는 개별화 수업을 통해 빠른 시간 안에 동일 출발선에 서도록 만드는 게 더 낫다고 말한다.

— 안경을 쓰시는 분들이 많이 공감하실 텐데요. 도수가 맞지 않는 안경을 쓰면 사물이 잘 보이지 않을 뿐더러 어지럼증으로 머리까지 아픈 경험이 있으실 겁니다. 사물이 잘 보이지 않는 사람에게 필요한 건 알맞은 도수의 안경인 것처럼 읽기에 어려움을 겪는 아이들에게 필요한 것은 아이에게 알맞은 수준의 개별화 교육입니다.

개별화 교육을 해야 하는 이유는 아이마다 다른 특성과 발달 지점을 포착해 최적화된 방법으로 지도할 때 빠른 발달을 이룰 수 있어서다. 읽기 부진 학생이 교사와 상호작용 속에서 자신의 수준에 맞는 텍스트를 주도적으로 읽는 성공의 경험이 자꾸 쌓여야 하는데, 여러 명을 한꺼번에 교육하는 환경에서는 이런 게 불가능하기 때문이다.

한편 읽기 따라잡기에서는 문자를 읽어내는 능력만 가르치지 않는다. 초기 문해력은 읽는 과정에서 어려움을 겪을 때 그것을 해결하는 방법을 찾아내는 능력까지 포함한다. 읽기를 잘하는 아이들은 읽다가 실패하면 앞으로 되돌아가서 필요한 단서를 찾아 다시 시도한다. 읽기 따라잡기에서도 글자만 읽고 '의미 획득(글의 의미를 아는 것)'에 실패하는 '축자적 읽기'의 오류에 빠지지 않도록 아이들이 자신의 읽기 행동을 모니터링하면서 문제를 해결할 수 있도록 가르친다.

— 읽기 따라잡기에 참여했던 한 초등학교 아이가 있었어요. 국어 시간마다 화장실에 간다고 사라져 수업 끝날 때까지 들어오지 않던 아이였습니다. 그러지 못하게 하니까 의도적으로 우유를 엎질러서까지 교실에서 나가려고 했어요. 이해를 못 하고 따라가기 힘드니까 나오는 회피 행동이었죠. 그래서 그 아이와 읽기 따라잡기를 시작했는데, 목표 지점에 도달했을 뿐만 아니라 그 학교에서 제일 잘 읽는 아이가 되었어요. 심지어는 성적도 최상위 수준으로 올라갔어요. 일찍 도와주기만 하면 아이들의 가능성은 무궁무진합니다.

엄훈, 청주교육대학교 문해력 지원센터장

8개월 동안 선생님과 개별화 수업을 끝낸 지윤이는 얼마나 달라졌을까? 지윤이는 엄마, 언니와 함께 받아쓰기 놀이를 할 정도로 성장해 있었다. 선생님과 방과 후 수업을 통해 할 수 있다는 자신감이 생기자 지윤이는 책 읽기에 조금씩 흥미를 갖게 되었다고 한다. 이제 스스로 책을 찾아 읽을 정도로 발전했다. 글씨를 써야 할 때면 멍하니 있던 예전과 달

다시, 공부 다시, 학교

리, 수업에도 열심히 참여하고 있었다. 이제 다른 친구들과 비슷한 속도로 교과서를 읽고, 자신감도 부쩍 늘어난 모습이다. 받아쓰기 시험에서는 열에 아홉 정도를 맞힌다. 어려운 띄어쓰기도 척척 해내고 누가 시킨 것도 아닌데 틀린 문제를 복습까지 했다.

:   알아들으니까 수업이 재밌어졌다

여름방학 10주 동안 중학생 친구들을 대상으로 '문해력을 기르는 캠프'를 실시했다. 캠프에 참가한 아이들은 평소에 문해력이 부족해서 많이 힘들었다는 말을 공통적으로 했다.

—   학교 다니면서 제일 답답한 건 이해를 못 하니까 공부를 재미있게 할 수 없는 거였어요.

—   책을 읽을 때 모르는 단어들이 많아 무슨 뜻인지 이해하기 힘들 때가 많아요.

—   읽기가 안되니까 차근차근 안 읽고 중간중간 건너뛰면서 읽는 습관이 생겨버렸어요.

—   첫 문장을 보고 어려우면 나머지 뒷부분까지 어렵게 느껴져요. 이해하는 방법을 모르겠어요.

—   모르는 단어가 너무 많으니까 관심도 없어지고 빨리 수업 마치고 집에 가고 싶다는 생각만 들어요.

캠프를 본격적으로 시작하기에 앞서 문해력의 기초가 되는 간단한 문장 이해 테스트를 진행했다. '두문불출杜門不出'의 뜻을 쓰라고 하자, 갑자기 등장한 한자성어에 '문 두 개와 화산 분출' 그림을 그린 아이도 있었다. 또 '희수는 시간이 지날수록 얼굴이 피다'라는 문장에서 '얼굴이 피다'의 의미를 물으니, 한 학생이 "다쳐서 얼굴에 피가 났다"고 대답하기도 했다.

글에서 원인과 결과를 파악하는 법을 배우기 위해 평소 배웠던 역사교과서에서 발췌한 지문을 읽는 시간을 가졌는데, 처음에는 좀 읽는 듯 하던 아이들이 이내 흥미를 잃고 딴짓을 하기 시작했다. 아이들은 무슨 말인지 이해가 안 되니까 글씨만 봐도 머리가 아프다고 했다. 캠프 지도교사가 학교 수업시간에 어려운 단어가 나올 때 왜 질문을 하지 않았느냐고 물었다. 아이들이 한 말 중에 핵심적인 힌트가 있다. "아는 게 있어야 물어보죠." 아는 게 없어서 물어볼 수도 없었다는 아이들. 그런 아이들에게 수업이 재미없고 어려웠던 건, 당연한 일이다.

수업 현장에서 아이들의 문해력이 점점 떨어지는 걸 오래전부터 느꼈습니다. 수업의 형태를 바꾸거나 다양한 학습지를 제공하는 등 여러 방법으로 아이들에게 동기부여를 해봤는데 근본적으로 잘 치유되지 않았어요. 잘할 수 있는데 지금 처져 있거나 또는 지금은 좀 부족하지만 충분히 잘할 수 있는 잠재력을 갖고 있는 아이들이 방치되고 있다는 게 안타깝습니다.

정재균, 문해력 캠프 지도교사

아이들이 글을 친숙하게 느끼고 문해력을 높일 수 있도록 읽기 훈련이 시작되었다. 훈련의 포인트는 모르는 단어가 나왔을 때 앞뒤 내용을 통해 '추론하며 읽기'였다. 아이들에게 '나는 여름에 고모 댁에 놀러갔다'라는 문장을 제시하고 '할아버지는 딸이 있다'라는 문장과 '엄마에게는 언니가 있다'라는 문장이 참인지 거짓인지 혹은 알 수 없는 정보인지 물었다. 문장 속에 숨겨진 정보가 무엇인지 추론해보는 문제였다. '참'이라고 답한 아이들이 더 많았지만 '할아버지 딸'이라는 말이 직접 안 나와 잘 모르겠다는 학생, 고모가 엄마 형제인지 아빠 형제인지 헷갈린다는 학생도 있었다. 추론하며 읽기가 중요한 것은 글 속에 내포된 정보나 의미까지 읽어내야만 글의 정확한 의미를 파악할 수 있기 때문이다.

아이들은 글을 읽고 사고하는 연습을 계속했다. 짧은 시를 읽고 주제를 파악하는 시간, 학생들은 '끝이 어딜까 너의 잠재력'이라는 구절에서 '너'를 유추하며 휴대폰, 식욕 등 다양한 자신만의 답을 내놓았다.

10주 동안 진행된 문해력 캠프에서 글을 읽는 요령을 배우고 연습하며 학생들은 조금씩 재미를 느끼고 적극적인 모습을 보이기 시작했다.

— 캠프에 참가하기 전에 비해 아이들이 글을 읽을 때 덜 무서워하고 해볼 만하다고 생각하게 된 것 같습니다. 글을 읽고 자기 기준에서 답을 찾고 자신감 있게 발표하는 모습에서 아이들이 글을 대하는 태도가 달라졌다는 걸 느낄 수 있었어요.

황인정, 문해력 캠프 지도교사

캠프 후 몇 달이 흘러 12월 기말고사 기간이 되었다. 긴 글에 거부감을 보였던 아이들이 글씨로 빼곡한 국어시험을 잘 볼 수 있었을까? 1학기 말 평균 66점이던 캠프 참가 학생들의 국어성적이 평균 85.3점으로 대폭 상승했고, 문해력 점수도 캠프 전 평균 65점에서 80.7점으로 크게 올랐다.

— 옛날에는 수업 들을 때 지루해서 잠만 잤는데, 이제는 다른 애들처럼 수업이 잘 들리고 이해도 잘돼요.

— 확실히 문해력 캠프를 한 다음에 수월하게 읽게 됐어요. 저 나름대로 문해력이 많이 늘었다고 체감하고 있습니다.

다시, 공부 다시, 학교

— 엄청 기뻐요. 부모님께 성적을 자신 있게 말할 수 있게 되어서 기분이 좋아요.

자신의 부족함을 극복하기 위해 애쓴 아이들, 헌신한 교사, 그리고 학교의 노력이 있었기에 가능한 일이었다. 교과서를 읽지 못해 포기하고 있는 수많은 아이들에게 학교의 역할이 중요한 이유가 바로 여기에 있다.

— 문해력을 단순히 국어 능력이라고 생각하지 말고, 어떤 공부든 할 수 있는 기반이 되는 힘이라고 생각하고 전체 교사가 함께 힘을 합쳤으면 좋겠습니다. 알아듣는 수업이 되어야 아이들도 졸지 않을 거예요. 결국 해답은 문해력 향상이라고 생각합니다.

황인정, 문해력 캠프 지도교사

: '글을 이해하는 능력'은 곧 '교육받을 권리'

1973년 미국 샌프란시스코에서 고등학교를 갓 졸업한 한 학생이 교육당국을 상대로 소송을 제기한 사건이 있었다. 그 학생은 13년간 공립학교를 다녔지만 읽기 능력이 초등학교 5학년 수준이라며 자신이 '교육받을 권리'를 침해당했다고 주장했다. 비록 사건은 패소했지만 이 소송을 계기로 이후 미국에서는 읽기 문제에 대한 학교의 책무와 관련해 이른바

'교육적 의료사고'라 불리는 법적 분쟁이 이어졌다. 또 공교육의 역할에 대해 사회, 국가의 고민도 깊어졌다.

2015년 당시 미국의 오바마 정부가 발표한 보고서 「초기 아동기 투자의 경제학」에서는 교육의 실패를 사전에 막으려면 초기 아동기의 아이들에게 선제적으로 투자하는 것이 아동, 부모, 사회 모두에게 이익이라고 설명하고 있다. 초기 아동기에 보다 적극적으로 투자를 한다면 아이의 초기 기능이 증폭제의 역할을 하여 고학년으로 갈수록 높은 수준이 요구되는 후속 기능 학습의 토대를 제공하고 그것이 삶의 전 시기에 긍정적인 영향을 미친다는 것이다.

사회의 측면에서는 범죄율의 감소, 보건과 보충학습 비용의 절감으로 이어져 경제성이 좋아진다고 설명했다. 이 보고서에서는 초기 아동기에 이루어지는 투자의 비용 편익 비율을 산출하였는데, 평균적으로 약 3배 이상의 순익이 발생하는 것으로 나타났다.

우리나라 역시 공교육의 역할과 초등학교 저학년 시기의 중요성에 대해 주목하고 있다. 2015 개정 교육과정에서는 입학 전 한글교육을 위한 사교육 부담을 덜고 공교육의 테두리 안에서 한글을 체계적으로 익힐 수 있도록 1~2학년군 한글 교육시간을 27시간에서 68시간으로 확대 편성했다. 그리고 교육부에서는 '한글 책임교육제'를 실시하여 초등학교 1학년 과정을 마칠 때까지 모든 학생들을 한글 해득 수준으로 이끌겠다고 발표했다.

하지만 현실은 일선에서 수업을 담당하는 담임교사에게 무한책임이 떠넘겨졌고, 아이들은 실질적인 혜택을 받고 있지 못하는 실정이다. 또한 소득의 양극화는 교실에도 그대로 이어져 교육의 사각지대가 발생하고 있다. 한 교실에 과잉학습한 아이가 있는가 하면 언어적으로 덜 발달한 다문화가정 및 소외계층 아동들이 있다. 특히 소외계층 아이들은 대부분 혼자 있는 시간이 많아 어휘력 발달에 어려움을 겪는 경우가 많다.

대한민국 헌법 제31조 1항에는 '모든 국민은 능력에 따라 균등하게 교육받을 권리를 가진다'라고 명시되어 있다. 이 말은 모든 아이들에게 동일한 교육과정을 제공하는 것을 넘어서 모든 아이들이 동등한 출발선에 설 수 있도록 도와주어야 한다는 뜻이다. 그러기 위해서는 많이 뒤처진 아이에게 학습 지원을 더 많이 해야 한다. 적어도 교육과정을 따라갈 수 있을 만큼의 문해력을 갖추도록 도와줘야 하는 것이다.

— 문해력 환경이 갖춰지지 않으면 발아조건이 되지 않아 식물의 싹이 돋지 않는 것처럼 아이들의 발생적 문해력도 아예 자라지 않을 수 있습니다. 그런데 이 책임을 가정에 물어서는 안 됩니다. 적어도 공교육의 시스템이 갖춰진 나라의 학교라면 그 아이들을 도와줄 책임이 있습니다.

엄훈, 청주교육대학교 문해력 지원센터장

'문해력을 키우는 것'은 학습능력의 핵심인 동시에 교육 불평등을 해소할 수 있는 시작점이자 지름길이다. 문해력을 통해 아이들은 배울 수 있는 기본적인 능력을 갖추고 자기 수준에 맞는 공부를 할 수 있게 되며, 자기 삶과 미래를 준비할 수 있게 된다. 문해력을 기르는 일은 세계를 이해하는 통로를 마련해주는 일이다.

역량중심성적표MT란 무엇인가

- 2017년 호켄 스쿨의 스콧 루니 교장이 전미사립학교협회 연례회의에서 역량중심성적표(성적 없는 성적표Mastery Transcript)를 발표한 이후 포드재단은 역량중심성적표를 개발하는 데 20억 원을 지원했다. 그 결과 8대 역량을 방사형 그래프로 표시한 디지털 방식의 포트폴리오형 성적표가 만들어졌다.

- 역량중심성적표는 종이가 아닌 디지털 방식으로 학생의 특성이나 속성을 보여준다. 역량별 세부 하위 항목(5～12개)이 있고, 세부 하위 항목에 들어가면 누적된 학생의 발표자료, 보고서, 동영상 자료, 교사의 피드백 자료 등을 확인할 수 있다.

- 역량중심성적표는 기존의 교과목 중 필요교과는 유지하겠지만 시험으로 점수를 부여하지 않고 수행 결과를 토대로 하여 하위역량을 평가한다. 또한 융복합 수업을 통해 교과목 간 경계를 없애고, 교사의 역할을 티칭 중심에서 코칭 중심으로 변화시키며, 학생이 교사와 협력하여 자신의 수업을 설계하고 자기 주도적으로 프로젝트를 수행하게 하는 것을 목표로 삼고 있다.

- 역량중심성적표는 역량 중심 교육활동을 전제로 한다. 역량 중심 교육을 위해 가장 중요한 것은 수업을 학습자 중심으로 전환하는

것이다. 이때 교사에게 필요한 것은 조력자로서 학생을 안내하고 조언하고 코칭하는 전문가 역량이다. 개별 학생마다 스스로 정한 목표를 학습하는 수업의 개인화가 이루어질 것이며, 학생 개인별 수업 일정에 따라 등하교 시간의 자율화 및 학습시간의 자율화도 이루어진다. 학생의 연속적인 역량 관리, 과정 중심 평가, 역량 평가의 공정성 등을 위해 교사의 전문적인 역량 강화는 새로운 평가 방식 도입의 필수적인 요인이다. 이러한 성적 없는 성적표는 학생의 부족한 역량을 채우고 성장시키거나 대학입시 전공에 필요한 역량 보완과 함양을 위한 개인별 맞춤형 학습계획 수립의 출발점이 된다.

- 틸튼 스쿨은 역량중심성적표를 도입하고자 준비 중이다. 당분간 기존의 성적 중심 평가와 역량 중심 평가를 병행하여 학생과 학부모가 두 개의 평가 중 하나를 선택할 수 있도록 투 트랙의 평가체계를 유지할 계획이다. 이는 역량중심성적표가 보편화되지 않은 상황에서 대학진학에 학생들이 불이익을 받지 않도록 하려는 노력이다.

출처
- 류태호, 『성적 없는 성적표』, 경희대학교 출판문화원, 2018; 행복교육방문단, 『(행복교육방문단 교육 탐방기) 미래교육 길찾기: 미국편』, 충청북도교육청, 2019, 144~147쪽에서 재인용.

2부
학교에 대해 다시 생각하다

6   가르칠 수 있는 능력이란 무엇인가

│ 교사가 주도하는 학습의 놀라운 힘

:   수행평가하느라 공부할 시간이 없다?

2019년 6월, 청와대 국민청원 게시판에는 한 현직 교사의 글이 올라왔다. 학생 중심 수업의 일환인 수행평가 때문에 아이들이 피곤에 지쳐 정상적인 수업이 어렵다는 내용이었다.

> 고등학교에서 교편을 잡고 있는 20년 차 교사입니다. 현재 고등학교에서는 교육청의 지침대로 수행평가를 실시하고 있습니다. 거의 모든 과목이 수행평가를 실시하며 한 과목을 몇 차에 걸쳐 실시하기도 합니다. 문제는 학생들이 과다한 수행평가 준비로 6월에는 거의 반 혼수상태로 학교생활을 한다는 겁니다. 장기간 잠을 제대로 자지 못해 건강에도 이상신호가 오는 학생들이 많아, 이런 학생들에게 수업시간에 집중하라고 요구하기도 어렵습니다. 입시

와 진학을 위해서는 기초학력이 중요하지만 학생들은 차분히 배운 내용을 학습할 시간이 매우 적습니다. 청와대, 교육부, 교육청은 잘 판단하시어 학생들이 기초학력을 잘 갖출 수 있는 공교육이 될 수 있도록 수행평가를 대폭 축소해주시길 간곡히 청원합니다.

기초학력이 중요한 시기에 아이들이 차분히 공부할 시간이 없다고 걱정하는 이 청원은 10만 명에 가까운 사람들이 동의할 정도로 많은 공감을 불러일으켰다. 실제로 학생들은 PPT 발표부터 UCC 만들기까지 수행평가라는 이름으로 1년 내내 다양한 활동에 시달리고 있다. 달력 가득 해야 할 일이 빼곡한 아이들은 시간에 쫓겨 공부는커녕 잠잘 시간조차 제대로 없다.

— 해야 될 건 너무 많은데 시간이 부족하니까 다 할 수 있을까 걱정을 많이 해요. 가끔 애들끼리 같이 울 때도 있어요.

— 칠판 한쪽 면에 수행평가가 쫙 써 있어요. 하나가 끝나서 지우면 줄어들어야 하는데, 다른 과목이 추가돼서 그대로예요. 3년 내내 그래요.

— 수행평가가 음악, 미술, 체육을 빼도 24개예요. 정말 치열하게 해야 해요. 핸드폰에 어떤 수행이 있는지 뭘 해야 하는지, 다 일일이

적어두고 끝날 때마다 체크해요.

—　전국에 있는 모든 고등학생들이 수행이랑 내신 때문에 힘들어하
고 잠도 부족해요. 저희가 지금 하는 게 제대로 된 공부가 맞는 건
가요?

:　충분히 배우지 못하는 학생 중심 수업

지금 대한민국의 학교는 '스스로 배움을 터득한다'라는 학생 중
심 수업으로 변화하고 있는 중이지만, 막상 배움의 주체인 학생들은 힘겨
움을 토로하고 있다. 1등급의 우수한 성적을 받고 있는 고등학교 3학년
하엘이의 일상을 쫓아가 학생 중심 수업의 실상을 들여다보았다. 하엘이
는 넉넉하지 않은 가정형편 때문에 학원을 다니기보다 혼자서 공부하는
데 익숙하다. 교실에 있는 것과 똑같은 책걸상을 구해, 밤늦게까지 몇 시
간이고 자리를 지키며 공부에 열중한다.

—　딱딱하지만 익숙한 의자에 정자세로 앉아 있으면 집중해서 공부
할 수 있어서 좋아요. 제가 하고 싶은 목표를 생각하면 의자에 오
래 앉아 있을 수 있어요.

이토록 스스로를 다그치며 열심히 공부해왔지만 포기하고 싶은 순간도 있었다고 한다.

— 시험기간에 임박하기 전까지는 모둠 수업을 많이 하고 발표 수업, 토론 수업도 많이 해요. 그런데 정작 시험에는 이런 활동에서 배우지 않았던 문제들이 나왔어요. 활동형 수업은 얕은 지식을 기반으로도 충분히 가능했다면, 시험에는 깊이 파고들어야만 알 수 있는 내용이 나왔어요. 저는 학교에서 시키는 대로 열심히 했을 뿐인데 솔직히 배신감이 들었어요. 친구들이 학원에서 받은 자료를 어쩌다가 보면 시험에 나오는 내용이 꼭 있더라고요. 수업시간에 충분히 배우지 못한 것이 너무 억울해서 눈물이 났어요. 저는 수업시간에 한 번도 존 적 없고 매순간 최선을 다했는데 자괴감이 컸어요.

하엘이는 활동 수업에 수행평가까지 예전보다 해야 할 건 더 많아졌는데, 학교에서 충분히 배우지 못한다고 느끼고 있었다. 하엘이가 학교에서 제대로 배우지 못한 교과내용을 따라잡기 위해 가장 의지했던 건 인터넷 강의였다. 매일 밤 커피로 잠을 깨고 인터넷 강의로 밤을 지새우며 공부해야 1등급을 받을 수 있었다.

— 활동형 수업을 하다 보면 시간이 부족하니까 선생님께서 설명을

짧게 하고 넘어갈 때가 많아요. 그러면 이해를 다 하지 못한 내용들이 자꾸 쌓이게 돼요. 배우다 끊기고 배우다 끊기니까 제가 전혀 다른 내용으로 이해하는 경우도 생기더라고요. 그래서 인터넷 강의를 매일 밤 들을 수밖에 없었어요.

하엘이는 사교육을 받지 않고 자기처럼 학교만 의지하는 학생들이 공교육만으로도 탄탄한 실력을 쌓을 수 있었으면 좋겠다고 했다.

교사들 역시 변화의 거센 파도 앞에 서 있기는 마찬가지다. 미래에는 학교 교육이 '학생 중심 수업'으로 달라져야 한다는 강렬한 목소리에 공감하며 수업방식을 '학생 중심'으로 맞추려고 노력하고 있다. 하지만 학생들을 위해 시작한 학생 중심 수업이 외려 부실한 교육을 낳고 있는 현실에 대해 교사들 역시 우려의 목소리를 내고 있다.

—   가장 큰 고민은 수업방법을 바꾸고 아이들을 참여시킴으로써 학생들이 학교에서 정말 행복한가 하는 거예요. 학생 중심 수업의 취지가 왜곡되고 있다는 느낌을 많이 받습니다.

장영진, 고등학교 교사

—   시도 교육청이나 교육부에 계신 관계자들이 현장에서 느끼는 현실적인 어려움에 대해 공감하고 있는지 물음표를 던지게 됩니다.

최은수, 고등학교 교사

학생들을 어떻게 가르쳐야 할지 그 어느 때보다 고민을 많이 하고 있는 교사들. 고등학교 역사교사를 21년간 하고 EBS 일타강사로 불렸던 최태성 교사 역시 다르지 않았다.

— 많이 불안했어요. 왜냐하면 현장에서는 변화하라고 하면 변화해야 하거든요. 학생 중심 수업이 맞다고 하는데, 제가 지금까지 했던 올드한 방법으로 아이들에게 피해를 줄 수는 없으니까요. 그런데 활동형 수업을 위해 강의형 수업 3시간 분량을 1시간으로 줄이게 되면 그만큼 전달해야 되는 중요한 요소들을 뺄 수밖에 없어요. 제가 생각하는 강의형 수업은 많은 이론과 개념들을 그냥 전달하는 게 하니라 거기에 의미를 부여해 살아 있는 지식과 정보가 되게 하는 건데, 시간을 줄이면 그게 어려워요. 시간에 쫓기면 말 그대로 주입식 수업밖에 안 됩니다. 3.1운동을 가르칠 때 시간이 없으면 3.1운동의 개념과 주요사건만 알려주고 다음 진도로 넘어가야 해요. 시간이 더 주어진다면 3.1운동이 우리 삶에 미치는 영향까지 끌고 갈 수 있어요. 3.1운동으로 광장의 역사와 민주주의가 시작되었고 그 결과 민국이 탄생했고 그 혜택을 우리가 받고 있다는 이야기까지 할 수 있는 거죠. 하지만 강의형 수업시간을 줄이면 시험에 나오는 내용만 전달하고 넘어가야 하죠.

더 나은 학교, 더 좋은 교육을 위해 달려왔지만 충분히 가르치지 못하고 있다는 우려가 커지고 있는 상황이다.

:   인간 실험을 그만하라

　　다른 나라의 상황은 어떨까. 학교가 달라져야 한다는 요구 앞에 많은 계획과 실행, 시행착오를 경험한 교육 선진국을 통해 우리의 나아갈 바를 모색해보기로 했다.

　　교육을 최우선 정책으로 삼고 있는 핀란드는 평등한 교육으로 세계적인 수준의 학업성취도를 올린 나라다. 21세기 활동형 수업을 주도한 핀란드와 핀란드를 선례로 활동형 수업을 늘린 한국. 두 나라 모두 미래 교육을 위해 협동심과 다양성, 창의성을 교육목표로 꼽으며 활동형 수업을 강조하고 있다.

　　2015년 활동 중심 교육과정으로 개정한 한국과 2016년 프로젝트 중심 교육과정으로 개정한 핀란드는, 모두 교사의 역할을 '학생 주도 수업을 원활하게 도와주는 안내자'로 수정했다. 핀란드가 한국과 다른 점이 있다면 활동형 수업에서 한발 더 나아가 과목과 학년, 교사까지 묶는 통합 수업을 추진한다는 것이다.

　　핀란드를 오늘의 교육 강국으로 만든 석학 카리 우시큘라 교수와 함께 핀란드의 바사 지역에 위치한 한 초등학교를 찾아보았다. 교실에서는 통합 수업이 한창이었다. 핀란드에서는 한 학기에 한 번 이상 반드시 서로 다른 과목을 연계한 통합 수업을 해야 하는데, 오늘은 '시민사회' 과목에서 진행하는 창업 관련 프로젝트 수업이다.

학생들은 교실 벽에 붙어 있는 구인광고를 보고 자기에게 맞는 직장을 찾아 이력서를 쓰고 면접까지 보았다. 교실은 커튼으로 가림막만 되어 있어 통합과 이동이 쉽게 설계되어 있었다. 학생들은 프로젝트 학습이 익숙한지 각자 짝을 이루거나 과제를 하며 수업을 진행해갔다.

그런데 시간이 지나면서 집중하지 못하는 학생들이 점점 늘어났다. 옮겨 다니는 이동 수업이다 보니 마음대로 돌아다니는 아이들도 눈에 띄었다. 심지어 자는 아이도 있었다. 교사가 바로 옆에 있어도 다르지 않았다. 학생이 주도적으로 활동하는 수업이기 때문에 교사는 학생들을 제지하지 않았고 학생들은 통제되지 않은 채 산만하게 돌아다니고 있는 경우가 많았다. 과연 좋은 수업일까.

— 이러한 불안정한 수업에서는 학생들이 배움을 통해 얻는 것이 별로 없어요. 변화는 좋지만 교육의 기본 가치는 잃지 말아야 합니다. 공부에는 집중과 안정된 환경이 반드시 필요합니다.

카리 우시쿨라, 헬싱키 대학 교육학과 교수

카리 교수는 모든 학생들이 수업에 적극적으로 참여하고 있는지, 그리고 교사가 모든 아이들을 장악하고 있는지 보라고 했다. 이 수업에서는 두 가지 모두 이뤄지지 않고 있었다. 서너 명 아이들이 교사와 소통하고 있었지만, 수업에 적극적이지 않은 다른 아이들에게 교사의 장악력은 미치지 못했다.

카리 교수는 평소에도 "학생들에 대한 인간 실험을 그만하라"며 핀란드의 새로 바뀐 교육과정에 대해 거침없이 비판하고 있었다. 그의 주장에 많은 핀란드의 교사와 학부모가 지지를 보내고 있는 실정이었다. 미국의 언론인 아만다 리플리가 쓴 세계 교육 강국 탐사 프로젝트 『무엇이 이 나라 학생들을 똑똑하게 만드는가』에서도 "학교의 질을 가늠하는 가장 좋은 방법은 시간을 보내는 것이다. 단 20분이라도 좋다. 수업이 진행되고 있는 교실을 들여다보자. 모든 아이가 정신을 집중하고 있는지, 진행 중인 수업에 흥미를 느끼고 있는지, 열심히 참여하는지를 살펴야 한다"라고 한 바 있다.

헬싱키 대학의 교육연구팀 아이노 사리넨 박사 역시 핀란드의 새 교육과정에 대해 우려하고 있었다.

— 최근 핀란드에서 활동 중심 수업과 관련한 새로운 교수법에 대해 많은 논란이 있습니다. 이 교수법은 학생에게 책임을 전가하는 것입니다. 학생의 학습과정을 조정하는 교사의 역할이 감소하고 그에 비해 많은 학습 과제들이 숙제가 되어 학부모의 역할이 커지게 되었습니다. 이것은 곧 다양한 가성환경의 학생들이 서로 다른 수준의 교육, 배경으로 인해 숙제를 수행해가는 데 각자 다른 기회를 얻게 되었다는 것을 의미합니다.

현재 핀란드에서는 새로운 교육과정에 대해 격렬히 논쟁 중이다. 학교의 새로운 교육과정이 학력을 저하시킨다는 연구결과가 발표되기도 했다. 또 교육과정에서 교사의 역할이 축소된 것에 대해 특히 비판의 목소리가 높다. 온라인에 올라온 글들이다.

— 중등학교 교사입니다. 교사의 명확하고 끊임없는 지도가 필요한 학생들이 많이 있습니다. 지금과 같은 교육과정으로는 학생들의 학력수준이 낮아질 것입니다.

— 우리는 이미 잘 알려진 교육방식을 바꾸지 말아야 합니다. 선생님의 가르침이 없는 상태에서 학생들은 아무것도 할 수 없습니다.

— 아이는 자율학습을 통해 배울 수 없었고, 아무도 가르치지 않았기 때문에 배우지 못합니다. 학생이 뒤처지기 시작하는 경우 어떤 방법으로 해결해야 합니까?

교사의 역할이 줄어든 대신 학생들이 주도적으로 배움을 만들어가야만 하는 교육에 대해 부정적인 사람들은, 학생들이 학교에서 제대로 배우지 못해 학업 부담이 늘어날 것을 지적하고 있었다.

— 지금 상황을 걱정하는 많은 교사들에게 연락을 받았어요. 학생 주

도 수업 이후 수업을 빠지거나 자퇴를 고려하는 학생들을 쉽게 볼 수 있다고 해요. 일부 교장선생님들은 위에서 내린 지시라서 이러한 교수법과 학습 공간을 원치 않았음에도 개혁을 했다고 합니다. 전체적으로 개혁을 지지하는 분위기라 많은 교사들이 새로운 교수법의 문제를 공개적으로 이야기하기 두려워하고 있습니다.

아이노 사리넨, 헬싱키 대학 교육연구팀

: 학생을 불안하게 만드는 핀란드의 새 교수법

실제 핀란드의 학생과 학부모는 바뀐 교육과정을 어떻게 느끼고 있는지 한 가정을 찾아가보았다. 첫째는 고등학교 1학년, 둘째와 셋째는 초등학교에 다니고 있었다. 아이의 부모는 4학년인 셋째 아다가 학교에서 받아온 많은 양의 과제를 보고 난감해했다. 꽤 깊이가 있는 내용이었고, 채워야 할 빈칸이 많았다. 이 많은 과제를 교사의 설명 없이 아이 혼자서 할 수 있을까.

— 이렇게 많은 과제는 부모의 도움을 필요로 해요. 교사의 설명 없이 아이 혼자 하기에는 무리가 있는 내용이 많거든요. 아이가 쓰기나 읽기에 어려움을 느낀다면 부모가 도움을 줘야 하죠. 그건 학교기 할일을 가정으로 전가하는 것이고 집에서 배우면 과외와

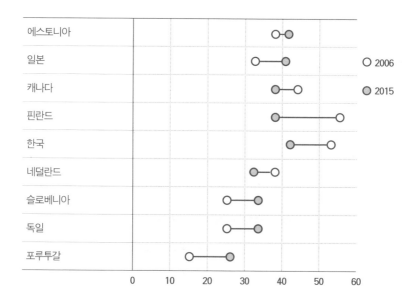

교육 형평성 지수

다를 바가 없다고 생각해요.

그렇다면 고등학생인 첫째 네아는 학교에서 어떤 교육을 받고 있을까. 큰딸 네아의 공책은 한국 고등학생의 것과 비슷했다. 선생님이 판서하고 학생들이 받아 적는 전통적인 방식의 교육을 받고 있었고, 시험도 자주 본다고 했다. 프로젝트 수업은 진도가 다 나간 다음에 할 수 있는데 이번 학기에 프로젝트 수업은 없었다고 한다.

네아와 아다의 공책을 비교해보았다. 빼곡하게 수업내용이 적힌 고1 언니의 공책과 아직 어리다고는 하나 수업시간에 거의 적은 것이 없는 막내의 공책은 확연히 달랐다. 과제는 늘고 배우는 양은 줄었기 때문이다.

— 핀란드는 지난 10년 동안 자연과학에서 한 학년에 상응하는 교육
    수준이 떨어져 성적 하락이 상당합니다. 그리고 PISA(국제학업성
    취도평가) 결과에서도 같은 형태의 하락이 나타났습니다.
    아이노 사리넨, 헬싱키 대학 교육연구팀

학업성취도 세계 1위를 자랑하던 핀란드의 성적이 흔들리고 있다. 전체 학업성취도는 물론 수학의 하락폭이 커 핀란드 내에서도 걱정이 많다. 더욱 중요한 건 교육 불평등 수치가 증가했다는 점이다. 핀란드는 한국과 함께 세계에서 가장 빠른 속도로 교육 불평등 수치가 증가하고 있는 나라다.

핀란드에서 새로운 교육과정을 가장 먼저 도입한 폰투스 학교에도 학생들의 학습 저하에 대해 학부모들의 불만이 끊이지 않고 있다. 학생들의 가장 큰 불만은 교사가 가르쳐주지 않는다는 것이다. 학생들은 교사의 도움 없이 주간 계획에 따라 하루를 시작하며, 필요한 경우에만 공동 공간 중앙에 있는 교사에게 조언을 구한다. 배움도 수업도 스스로 해야 하는 학생들은 그저 안내 역할을 하는 교사보다 적극적으로 자신에게 길을 알려줄 '선생님'을 필요로 하고 있었다.

— 학생은 학교에서 자기에게 문제가 생겼을 때 어른인 선생님이 도와줄 거라는 믿음을 가질 수 있어야 하고, 학교가 즐겁다고 느낄 수 있어야 합니다. 하지만 지금의 교육 트렌드는 학생들을 불안정하게 만들고 있습니다.

카리 우시큘라, 헬싱키 대학 교육학과 교수

학생들이 원하는 것을 직접 선택하며 배우는 것이 미래 방향이라고 믿었던 핀란드. 우리보다 앞서가고 있다는 교육 선진국의 시행착오를 보며 우리의 교육을 되돌아볼 때다.

— 핀란드에 와서 교실 모습이나 책상 배치 등을 사진 찍어 SNS에 올리니까 "우리는 언제 핀란드처럼 될까요?"라며 부럽다는 댓글이 많이 달렸어요. 우리는 스스로 우리 교육이 후진적이라는 것

을 전제하고 핀란드 등의 선진국 교육을 바라보는 경우가 많았던 것 같습니다. 저 역시 핀란드에 오기 전까지 그랬고요. 왜 뒤처진다고만 생각했을까요? 여기 핀란드에서도 학생 주도 수업에 찬성하는 선생님들은 4차 산업혁명, 미래교육, IT의 발달을 이야기하면서 기본적인 지식은 검색만 하면 되는 거라고 해요. 우리에게도 그런 생각들이 굉장히 지배적이었죠. 그런데 이번에 핀란드의 교실을 찬찬히 들여다보며 중심을 지키지 않으면 잃게 되는 것들이 많을 수 있다는 것을 깨달았어요. 그 잃게 될 것 중 한 부분은, 아니 전체일 수도 있는데 '학생'일 수도 있습니다.

최태성, 역사교사

:   공부에는 교사의 지도가 필요하다

영국의 교육전문가 데이지 크리스토둘루는 저서 『아무도 의심하지 않는 일곱 가지 교육 미신』에서 프로젝트와 체험활동 등 학생 주도 수업이 최고의 학습이라는 미신에 대해 다음과 같이 비판하고 있다.

사실적 지식을 장기기억에 저장하는 것은 매우 중요하다. 어떤 것을 기억하는 가장 효과적인 방법은 그것에 대해 생각하는 것이다. 우리의 뇌는 많이 생각하는 것을 중요할 것이라고 가정하여 그것을 장기기억에 저장하려고 시도한다. 이 말을 수업에 적용시켜본다면 교사는 수업시간에 가르치고자 하는 내용을 학생들이 많이 생각하도록 해야 한다. 그렇게 할 때 학생들은 배운 것, 즉 생각하면서 배운 것을 장기기억에 보다 쉽게 저장할 수 있다. 그래서 우리는 교과 수업이나 활동 중에 학생들이 배워야 할 내용을 생각하도록 수업계획을 세워야 한다.

셰익스피어의 『로미오와 줄리엣』을 다룬 영어 수업에서 했던 꼭두각시 인형 만들기를 생각해보자. 이 수업에서 학생들은 꼭두각시 인형의 조종 방법을 생각하느라 시간을 많이 사용했다. 꼭두각시 인형에 색칠하기와 조종 방법이 중요하지 않다고 말하려는 것은 아니다. 여기서 문제가 되는 것은 이 수업이 『로미오와 줄리엣』에 관한 영어 수업이었다는 점이다.

이러한 유형의 수업활동은 근본적인 수업목표를 달성하지 못할뿐만 아니라 활동에 많은 시간을 사용하기 때문에 기회비용도 매우 크다. 이러한 활동 중심 수업은 아이러니하게도 암기 위주 학습을 유발하는 요인이 되기도 한다. 셰익스피어의 꼭두각시 인형 수업에서 학생들은 작가 셰익스피어에 대해서나 그의 작품 『로미오와 줄리엣』에 대해 실제적으로 거의 생각하지 않고 몇 시간을 허비할 것이다. 이에 따른 시간 부족으로 학생들이 정작 생각해야 할 지식이나 연마해야 할 기능들은 짧은 시간에 압축해서 기계적으로 배울 수밖에 없을 것이다. 만약 이 단원에서 평가가 있다면 어떻게 될까? 학생들은 교과내용에 관한 지식을 충분히 시간을 갖고 의미를 따져가면서 학습하지 못했기 때문에 평가에 대비하려면 복습을 하면서 의미를 생각해보지도 않고, 사실적 지식을 암기하는 것만이 유일한 대책이 될 수밖에 없다.

핀란드나 우리의 학생 중심 수업이 놓치고 있는 점이 무엇인가 생각하게 하는 글이다. 크리스토둘루는 "무의미한 암기학습을 비판하는 것은 타당하다. 그러나 이를 교사 주도 활동 전체를 부정하는 것으로 확대 적용하는 것은 잘못된 과민반응"이라며 "무의미한 암기학습을 피할 수 있는 대책은 교사의 지도활동을 줄이는 것이 아니라 암기가 아닌 방식으로 교사의 수업지도를 내실화하는 것"이라고 주장했다.

실리콘밸리에서 가장 주목받던 학교였지만 미국에서 학생 주도형 교육에 실패한 알트 스쿨에서 3년간 교사로 근무한 폴은 그곳의 경험을 바탕으로 『개인 맞춤 교육을 복원하라Reclaiming Personalized Learning』라는 책을 썼다. 알트 스쿨에서 학생들은 관심사에 따라 오디오북이나 영상 콘텐츠 강의의 플레이 리스트를 개별 노트북으로 들으며 자기 주도 학습을 했지만, 얼마 지나지 않아 학부모들의 거센 항의가 이어졌다. 알트 스쿨의 목적은 맞춤화된 교육을 통해 모든 아이들의 잠재성을 최대한 끌어내는 것이었지만, 문제는 기초학력 저하였다. 부모들은 알트 스쿨에 학생들의 학습 부진에 대해 여러 번 우려를 표했으나 그때마다 학교는 인내심을 가지고 기다리라고만 했다. 몇몇 부모들은 그들의 자녀가 '실험용 쥐'가 되었다고 말하기까지 했다.

결국 알트 스쿨 아홉 곳 가운데 다섯 곳은 폐교했고, 남은 네 학교만 다른 교육기관이 인수하였다. 폴은 교사의 명확한 역할이 없는 교실은 위험하다고 말한다.

— 알트 스쿨에 근무했던 3년간 알게 된 건 궁극적으로 기술 자체는 교육이 해야 하는 실질적인 문제를 해결하지 못한다는 점입니다. 개인화될수록 더 맞춤화된 교육을 아이들이 받을 거라 생각했는데, 실제로는 아이들이 각자의 커리큘럼을 가지면서 자기만의 섬에 갇히게 되었어요. 아이들은 배워야 할 것을 컴퓨터로 일방적으로 받아들이기만 하고, 대화나 소통을 통해 배울 수 있는 기회는 잃어버렸죠. 게다가 흥미 있는 분야만 배우게 되니까 아이들이 아주 협소한 분야만 알게 되었어요. 그렇게 되면 성인이 되어 복합적인 문제를 해결할 때나 다양한 분야의 배경지식을 요구하는 분야에서 어려워질 게 분명했죠.

아이들이 좋아하지 않을 수 있지만 가치가 있고 세상을 바라보는 시선을 다르게 만들어줄 수 있는 것들을 가르치는 게 교사의 임무잖아요. 그래서 알트 스쿨을 떠나게 되었어요. 아이들이 영상을 보며 무언가를 배워나가긴 하겠지만 더 중요한 건 교실의 문화와 학습 환경, 그리고 어른으로서 선생님이 교실 안에 있어야 한다는 거예요. 아직 아이들이니까요. 선생님은 아이들이 올바른 방향으로 나아가는 데 도움을 주어야 합니다. 아이들은 어떠한 경험이 자기에게 도움이 될지 판단할 수 없으니까 어른에게 의존하며 도움을 받아야 합니다.

:   교사의 역할이 매우 큰 나라, 영국

그렇다면 교사의 역할은 어때야 하는 걸까. 한국만큼 교육열이 높은 나라, 영국의 경우를 살펴보자. 영국은 대학 네 곳이 세계 대학 상위 10위 안에 들고 토론이나 팀 프로젝트와 같은 활동형 수업을 1990년대부터 시작한 나라다.

런던 외곽에 위치한 펠트헴은 히드로 공항을 만들면서 노동자가 몰려들어 만들어진 동네로, 여러 인종들이 살고 있었고 경제적으로 소외된 지역이었다. 학업성취도 역시 하위권이었던 이곳에 10여 년 전 '리치 아카데미'가 문을 열었다. 리치 아카데미는 영국 공립학교 중 최초로 최우수 등급에 선정되면서 영국을 들썩이게 만들었다. 중등학업성취도평가 GCSE에서 영국 상위 15개 학교에 들었을 뿐 아니라, 재학생의 25%가 영어와 수학에서 최고 등급을 받았다. 학생의 98% 이상이 영어와 수학 과목에서 성취도 기준을 통과하는 성과도 보였다. 그러자 이 학교에 케이트 미들턴 왕세자비와 전 영국 총리 데이비드 캐머런, 현 총리 보리스 존슨까지 영국 유명인사들의 방문이 이어졌다. 이 작은 영국 학교는 어떻게 이런 기적을 이뤄낼 수 있었을까.

네 살 유아원부터 열여덟 살 고등과정까지 갖춘 리치 아카데미에서 가장 먼저 찾아간 곳은 초등학교 2학년 교실이었다. 수업은 정해진 박수와 동작으로 시작되었다. 문장부호와 알파벳 익히기 수업을 하는 동안 쓰기가 5분 넘게 진행되었지만, 아이들의 자세는 흐트러지지 않았고 모두 집중하고 있었다.

이곳에는 정해진 약속이 있다. 숫자를 세면 학생들이 집중하고 다음 해야 할 동작을 준비하는 것이다. 교사는 카운트다운을 하며 수업을 전환시켰다.

10. 멋지게 일어나세요 9. 테이블로 가세요 8. 이야기하지 않습니다 7. 필기구 잡고 6. 책 펼치세요 5. 숫자를 다 세면 시작할 거예요 4. 준비됐나요? 3. 모두 잘하고 있어요 2. 시작할 거예요 1. 쉬쉬

기본적으로 산만한 나이인 2학년 학생들이지만 교사의 지시를 무척 잘 따랐다. 교사는 학생들이 산만해질 법할 때면 어김없이 다 같이 소리를 내거나 동작을 하도록 했다. 저학년일수록 수업시간에 지켜야 하는 약속과 규칙을 강조하고 있었다. 교사의 지시나 통제를 많이 줄이고 있는 한국과는 반대의 모습이었다. 카운트다운에 따라 일사불란하게 모이는 학생들이 통제된 것처럼 보일 수도 있지만, 놀이처럼 학교에서 학습 습관

을 만들어가는 중이었다. 교사가 학생들을 완전히 장악해서 완벽하게 집중과 몰입을 시켜 수업하고 있는 모습이 인상적이다.

이번에는 6학년 수업을 들여다보았다. 과거 한국의 수업처럼 강의와 판서, 그리고 노트 필기가 중심이었다. 하지만 교사의 일방적인 강의만으로 진행하는 건 아니었고, 교사는 1~2분 간격으로 질문을 하며 학생들과 계속 피드백을 주고받았다. 또 교사는 발표에 적극적이지 않은 아이들이나 어려워하는 학생들이 교과서나 친구에게 도움을 받을 수 있도록 기다려주었다. 리치 아카데미의 학생들은 이런 수업을 어떻게 생각할까?

— 저는 학교가 좋아요. 정말 재밌어요. 학교는 제가 배울 수 있도록 도와줘요. 수업을 조금 더 길게 하는 것도 좋아요. 왜냐면 우리는 많은 것을 배워야 하니까요.

— 저는 배우는 걸 좋아해요 예를 들어 영어 시간에 언어적 표현을 배우고 다음 시간에 글쓰기를 하면 그걸 활용할 수 있어요. 배울수록 지식을 활용하는 데 더 자신감이 생겨요.

리치 아카데미는 어떻게 교사가 주도해서 지식을 전달하는 방식으로 수업을 하게 된 걸까? 학교의 창립 멤버이자 수업 커리큘럼을 총괄하고 있는 수석교사 존을 만나 교사 주도 수업을 하게 된 이유를 들어보았다.

— 지난 몇 년 동안 변화가 있었습니다. 꽤 많은 그룹과 프로젝트 학습에서, 지식에 중점을 두는 교사 주도형으로 바뀌었어요. 학생 주도의 자유방임형 접근은 이미 다양한 지식이 있는 상위권 학생에게 적합합니다. 하지만 하위권 아이들은 뭘 해야 잘할 수 있는지, 뭘 배워야 하는지를 모르기 때문에 학생 중심 수업이 힘들어요. 결국 학생 주도 수업에서는 상위권 학생들만 더 잘하게 돼 상위권과 하위권 사이에 간극만 더 넓어지는 결과를 초래하게 됩니다.

리치 아카데미에서는 학생 누구나 깊이 있는 지식을 얻을 수 있도록 강의형 수업에 더해 교과서도 직접 제작하고 있다. 수업에 필요한 모든 지식을 배울 수 있도록 방대한 양의 교과서를 만든 건데, 바꿔 말하면 학교 밖 다른 곳에서 따로 배울 필요가 없도록 교과서를 구성한 것이다. 우리나라 교과서에서 한두 쪽 분량이면 끝날 내용이 이곳 교과서에는 20쪽 넘게 자세히 실려 있다.

: 지식 중심 교육에서 가장 중요한 것은 교사의 역량

1990년대부터 활동을 통한 배움의 과정을 중시했던 영국은 최근, 지식을 강조하는 정반대의 교육정책을 발표했다.

—　리치 아카데미, 미카엘라 커뮤니티 학교, 핵니 아카데미, 킹솔로몬 아카데미, 해리스 아카데미에는 명백한 유사점이 있습니다. 이 학교들은 모두 지식이 풍부한 커리큘럼을 가르치고 있습니다. 이 학교의 최근 성취도 평가 결과는 대다수 사람들의 기대를 뛰어넘었습니다. 이 공립학교들은 사회적으로 어려운 환경에 놓인 학생들의 삶을 변화시키고 있습니다. 우리는 모든 젊은이들이 우리의 교육 시스템을 통해 글을 읽고 쓸 수 있기를 원합니다. 이는 현대의 어려운 경제 상황 속에서 청년들이 생존하기 위한 필수 요소입니다.

닉 깁, 영국 교육부 장관

영국의 기초학력 미달 지역을 연구한 결과를 보면 경제적으로 하위 계층인 학생들이 심도 깊은 내용을 배우지 못해 교육 불평등이 더 커졌다는 것을 알 수 있다. 또한 성취도 평가 성적이 좋은 학교들은 전통적인 교과목 위주의 지식 기반 교육과정을 택하고 있었다. 역량 중심에서 지식 중심으로 교육 방향을 바꾼 뒤, 영국의 학업성취도는 꾸준히 상승세를 보이고 있다.

—　안타깝게도 영국은 세계에서 가장 불평등한 사회로 꼽힙니다. 사회적 유동성이 매우 적습니다. 가난한 집안 출신이 출세하는 일은 자주 일어나지 않습니다. 우리 학교가 초점을 맞추는 부분은 이 지역에 변화를 가능하게 하는 영향력을 발휘하는 겁니다.

에드 베인커, 리치 아카데미 교장

지식 중심 교육에서 특히 중요한 것은 교사의 역량이다. 리치 아카데미에서는 교사의 역량을 강화하기 위해 교사들 간에 서로 수업에 대한 코칭을 일주일에 한 번씩 주고받고 있었다. 이 학교 교사 케이티가 코칭 동료인 틸리에게 자신의 수업을 공개하고 의견을 듣는 코칭 시간에 함께해보았다. 두 사람은 교사와 학생의 역할극을 하고 있었다.

　　틸리: (제가 잠깐 일어서서 저라면 그런 시나리오에서 어떻게 할지 보여드릴게요. 잠깐 제 학생이 되어주세요) 두 개 가운데 마음에 들었던 건 '밤처럼 까만'이라고 쓴 거야. 이건 무슨 수사법이지?
　　케이티: 직유법이요.
　　틸리: 훌륭해. 잘 설명했어. 제가 한 것과 선생님이 한 것이 뭐가 다르죠?
　　케이티: 저는 여러 개를 살펴본 다음에 '다 훌륭하다'고 했어요. 반면에 코치님은 이야기에 맞는 특정한 예를 골랐어요.

　　질문과 답변, 피드백까지 수업내용을 대본처럼 촘촘히 짜고, 몇 번이고 수업 상황을 연극배우처럼 연습하며 끊임없이 보완하고 있었다. 리치 아카데미에서는 수업의 질적 수준을 교사의 개별 책임으로 맡겨두지 않고 교사 코칭을 통해 교수법을 통일한 뒤 학생들을 가르치고 있다.

―　　우리는 아이들이 매일 더 나아지길 기대해요. 교사도 마찬가지예

다시, 공부 다시, 학교

요. 최고의 교사란 건 없어요. 개선할 부분은 늘 있고, 언제라도 더 발전할 부분이 있는 거죠.

틸러, 리치 아카데미 교사

이런 모습은 한국에서는 상상하기 어렵다. 선생님이 선생님을 가르치고 배우는 일은 굉장히 민감하고 어려운 상황이기 때문이다. 교사로서 자존심이 상하는 부분일 수 있기 때문이다. 그러나 이것을 하나의 문화로 만드는 것이 리치 아카데미의 핵심역량 중 하나였다. 교사가 결국 제일 잘해야 하는 건 수업이다. 좋은 수업을 만들기 위해서는 교사에게도 교사가 필요하다. 서로 피드백을 나눌 동료가 필요하다. 이런 문화가 가능한 것은 리치 아카데미의 교육철학이 분명하기 때문이다. 학생들에게 기회를 주겠다는 교육철학이 교장부터 교사까지 완벽하게 공유된다면, 그 비전을 실현하기 위해서 교사들도 얼마든지 바뀔 마인드가 되어 있는 것이다.

:　　단 한 명의 학생도 놓치지 않기 위하여

리치 아카데미에서는 프로젝트 학습을 하지 않고 지식을 강조하는 수업만을 한다. 교실에서는 교사가 전문가이기 때문에 교사가 학생들에게 지식을 전달해야 한다고 이곳 교사들은 여기고 있었다.

— 학생들이 학습능력과 동기부여가 있고 지원을 받는 상황에서 프로젝트 기반 활동이 이뤄진다면 배움의 과정에서 얻는 지식을 강화시켜주고 발전시켜줄 수 있을 겁니다. 그러나 리치 아카데미의 학생들은 학교에서 배우는 내용 외에 지식을 얻을 수 있는 곳이 없습니다. 예를 들어 프로젝트를 할 때 부유층 학생은 주말에 부모가 박물관에 데려갈 수 있을 거예요. 하지만 가난한 아이들은 그렇지 못해요. 그래서 학교가 최대한 가장 적절한 지식을, 가장 탄탄한 커리큘럼으로 전달하는 것이 더욱 중요합니다. 현재 영국에서 좋은 교육을 못 받는 30%에 대해 고민하는 일이 중요한 것이죠. 이것이 우리가 이 학교를 세우고 성장해온 방법입니다.

에드 베인커, 리치 아카데미 교장

교육 불평등을 줄이기 위해 지식 중심 수업으로 방향을 바꾼 영국은 현재, 더하거나 덜함 없이 학생이라면 누구나 같은 배움을 얻길 바라고 있다. 또 이를 위해 교사와 학교, 국가가 한마음으로 움직이고 있었다.

리치 아카데미는 왜 우리가 공교육을 실시하는지, 공교육 시스템 안에서 아이들을 가르치고 있는지를 다시금 묻게 한다. 교육은 결국 '기회'라는 것이다. 학생들이 포기하지 않고 낙오하지 않도록 기회를 줘서 성장하게 하는 것. 그것이 교육의 소명이고, 교사의 소명이다.

그런 소명 위에서 이루어지는 교육의 효과는 어떤 사교육보다 더 강력한 힘을 발휘한다는 것을 리치 아카데미가 보여주고 있는 것이다. 그

소명을 실현하기 위해 전통적인 강의형 수업에 현대식 방법을 더해 그들만의 학교를 만들어가고 있는 리치 아카데미.

여기에서 발견할 수 있는 것은 더 좋은 교육을 '아이들의 자발성'을 키운다는 이유로 방치하는 게 아닌가 하는 의심이다. 아이들은 누구나 더 발전할 수 있으며, 누구나 공부에 대한 흥미를 가질 수 있다. 과연 공부란 무엇인가. 지식을 알고, 그것이 내 것이 되는 일은 어떻게 이루어지는가. 과연 그 과정이 교사와 학교 없이 될 수 있을까. 이런 근원적인 질문에 대한 답이 필요할 때다.

7 | 최고의 수업을 만드는 법

미래의 교수법은 무엇일까

'1등 성적표'가 성공을 보장하지 않는 시대

한 고등학교에서 1학년 학생들이 '말하기 평가' 시험을 치르고 있다. 평가 주제는 국어 시간에 배운 두 작품의 문학적 의미를 시험관과 일대일로 마주앉아 말하는 것이다.

— 저는 이 두 가지 소설에서 책임이라는 게 떠올랐는데요. 책임뿐만 아니라 그 책임에 대한 결과인 대가도 같이 소설에서 논하고 있었던 것 같다는 생각이 들었습니다.

— 작가가 의도했을지 안 했을지 모르겠지만 소설 속에서 자기만의 의미를 찾고 서로 교류하면서 사고의 폭을 넓혀가거나 사고하는 연습을 하는 거죠.

다시, 공부 다시, 학교

— 현실 속에는 어떤 문제가 있는지 생각해볼 수 있다고 생각합니다. 두 작품 모두 현실에서 있을 법한 내용이고 충분히 현실에서 문제가 되고 있는 것들을 작품에서 문제로 삼는 경우도 있잖아요. 음, 그리고… 문학적으로….

머뭇거리는 여학생. 고등학생이 낯선 시험관 앞에서 막힘없이 유창하게 말하는 장면은 드라마에서나 가능하다. 현실에서는 머뭇거리는 게 당연하다.

— 문학적 의미는 잘 모르겠고 제가 PPT를 만들었잖아요. PPT를 만들면서 진짜 뭔가 계속 부족했어요. 그래서 진짜 일곱 번, 여덟 번 정도 반복하면서 만들었어요.

말을 이어가던 중 갑자기 찾아온 침묵. 우물쭈물 망설이는 학생들. 이 순간, 그들은 무슨 생각을 할까. 학생의 머뭇거림, 침묵은 '신호'다. 교육은 이 신호를 이해해야 한다. 학생이 다시 말을 이어갈 수 있게 필요한 지식과 역량을 채워줘야 한다. 문제는 이 '지식과 역량을 어떻게 채워주느냐'다. 학생에게 그리고 교사에게 '최고의 수업'이란 무엇일까.

그간 우리는 교육의 목표를 '1등' '인재'를 만드는 것으로만 여겼다. 그리고 학교는 그 목표에 충실했다. 스마트폰, SNS가 없던 시대에는 최대한 많은 지식을 가르치는 것이 '최고의 수업'이었다. 앵무새처럼 교과서 속 지식을 외우고 단편적 지식을 평가했다. 그러나 이제 정답만 아는 것은 아무런 소용이 없다. 찰스 파델 OECD 교육위원회 의장은 한국을 발전시켰던 것이 한국의 발전을 막고 있다고 말한다. 바로 시대에 뒤떨어진 시험과 사고방식이다. 그러나 이 모든 것이 계속해서 존속하는 이유가 있다. 바로 대학 졸업장이다.

　　하지만 이제는 이 대학 졸업장마저 흔들리는 시대가 바로 코앞에 왔다. 명문대 졸업장이 성공을 보장하지 않는 시대. 아이들은 초등학교부터 고등학교, 심지어 대학교까지 그 긴 세월이 한순간에 의미없어지는 순간을 맞이하고 있다. 과연 우리는 어떤 선택을 해야 할까.

　　2019년 10월 열린 '한-OECD 국제교육콘퍼런스'에서 PISA 책임자인 안드레아스 슐라이허 OECD 교육국장은 교육의 목표가 '학업성취도'에서 '삶의 질'로 바뀌어야 한다고 강조했다. PISA는 OECD가 교육과정에 바탕을 둔 지식보다 실생활에 필요한 응용능력을 평가해 국제적으로 비교할 목적으로 2000년부터 3년마다 실시하는 국제학업성취도 평가다.

　　여기에 보면 각 나라의 학습시간과 학습효율성에 대한 흥미로운 데이터를 발견할 수 있다. 예를 들어 학교에서 공부하는 시간, 방과 후에 공부하는 시간과 학습효율성을 비교해보면, 핀란드 학생들은 아랍에미리트 학생들보다 공부하는 시간이 적지만 학습효율성은 훨씬 높다. 슐라이허 교육국장은 '학습경험의 질'이 이런 차이를 만든다고 분석했다. 책상 앞에 오래 앉아 있는 게 최선이 아니라는 것이다.

우리는 이 데이터를 통해 '더 많은 것이 더 좋은 것은 아니다'라는 것을 배웁니다. 공부와 학습에 더 많은 시간을 들인다고 해서 반드시 더 나은 결과를 얻는 것은 아니에요. 학업이 우수한 국가들 중 일부는 학교 및 방과 후 학습시간을 크게 줄이면서도 뛰어난 성과를 달성할 수 있었습니다. '학습경험의 질'이 학생들이 공부하는 데 필요한 시간보다 더 중요합니다.

PISA 참가국 중에서 한국은 최고의 학업성취 수준을 보이는 국가지만 학교에서 행복하다고 느끼는 학생들의 비율은 60%에 불과합니다. 또한 전체 학생의 절반 가까이가 자신의 삶에 만족하지 못합니다. 물론 한국의 경우처럼 학업성취 수준이 높다고 해서 삶의 만족도가 낮거나 불행을 동반하는 것은 아닙니다. 네덜란드, 핀란드, 스위스, 에스토니아와 같이 높은 학업성취 국가의 사례에서 이것을 확인할 수 있습니다. 이 국가들의 경우에는 대부분의 학생들이 자신의 삶에 만족하거나 매우 만족하고 있습니다.

이 모든 것들을 종합적으로 살펴보면 '학업 성공으로는 충분하지 않다'는 것입니다. 사실 학업 성공은 일부에 불과해요. 학업성취뿐만 아니라 학생들의 웰빙(삶의 질적 향상)을 지원하는 교육 시스템이 전반적으로 구축된다면 교육의 미래는 더 나아지고 밝아질 것입니다.

: 역량을 키울 것이냐, 지식을 가르칠 것이냐

'1등 성적표'가 성공을 보장하지 않는 시대에 '지식'과 '역량'은 교육의 중요한 키워드다. 요즘은 학생의 역량을 키우는 수업이 최고의 수업으로 인정받는다. '프로젝트 수업' '발표 수업' 같은 활동 중심 수업이 유행하고 있다. 물론 우려도 있다. 활동 중심에 치중한 나머지 교과내용의 지식을 충분히 전달하지 못하는 것은 아닌가 하는 걱정이다.

— 최근에 참여형 수업이 중요해지면서 활동 중심 수업이 확대되고 있는데요. 현장에서 크게 우려하고 있는 부분이 활동 중심 수업으로 인해 지식이 약화하는 측면이 있다는 것입니다. 이것이 학부모들과 교사, 학생들 모두가 가지고 있는 우려라고 생각합니다.

조현영, 인하대 교육대학원 교수

언제부턴가 우리의 교실은 '역량'과 '지식'에 대한 논쟁으로 갈등하고 있다. 학생과 학부모, 교사 3,000명을 대상으로 한 한국리서치 「2019 학교진단조사」에 따르면 '지식보다 역량이 더 중요하다'는 것에 어느 정도 동의하지만(그렇다 76.7%, 보통 25.4%, 아니다 7.8%) 여전히 미래사회에도 지식을 중심으로 교육이 이루어져야 한다고 생각했다(그렇다 44.6%, 보통 35.8%, 아니다 18.6%). 지식과 역량은 상호대립하는 것일까. 이 둘을 균형적으로 조화시킬 방법은 무엇일까.

다시, 공부 다시, 학교

그 해답을 찾아 경기도 광명의 충현고등학교에서 한 달 동안 국어 수업을 통해 '활동 중심 수업'과 '지식 중심 수업'이 '학습경험의 질'에 미치는 영향을 알아보는 실험을 진행했다.

활동 중심 수업은 최근 많은 교사들이 연구하고 시도하는 수업이다. 「2019 학교진단조사」에서도 97.4%의 교사가 활동형 수업을 하고 있다고 응답했다. 활동 중심 수업은 책상 배치부터 자유롭고 학생의 주도성을 강조한다. 토론이나 발표, 프로젝트, 체험 같은 활동 위주로 수업이 구성된다.

— 가장 중요한 포인트는 자기화입니다 내가 문학을 해석하고 감상하는 것이 다른 이의 것이 아니고 내 것이라는 것. 그것은 내 것이기도 하지만 내 친구의 것이고 그것을 통해서 세상을 좀 넓게 보는 것이죠.

호양선, 고등학교 국어교사

활동 중심 수업에서는 문학작품을 이해하고 창의적으로 표현하는 것이 수업의 목표다. 일주일 동안 학생들은 연극, 영상, 그림 등 스스로 좋아하고 자신 있는 방식으로 발표 준비를 했다. 라디오 프로그램 형식을 활용한 일명 '보이는 라디오' 팀. 작품 속의 주인공들이 라디오에 사연을 보내는 내용으로 구성계획을 세웠다. 진짜 라디오 프로그램처럼 대본을 쓰고 음악도 직접 준비한다. 연극을 준비하는 팀도 있다. 집에서는 시나리오를 쓰고 학교에서는 틈틈이 대본을 외우고 연기 연습을 한다. UCC 팀은 '사회적 약자'를 주제로 영상을 만든다. 편집기술이 서툰 탓에 밤늦게까지 작업이 이어지기도 한다. 부모님의 희생과 사랑을 그리느라 꼬박 이틀이 걸린 학생도 있다. 발표를 준비한 일주일은 학생들에게 어떻게 기억될까.

— 10시간? 아이디어 생각하고 계속 스케치 수정하고 그러다 보니까 오래 걸렸어요.

그림 발표

— 따로 밖에서 만난 횟수는 일곱 번?

'보이는 라디오' 발표

— 계속 "연습이 살길이다!" 이러고 연습을 했어요.

'보이는 라디오' 발표

— 가장 신경 썼던 부분은 PPT 내용을 제 말로 바꿔서 말하는 거였어요. 생각보다 연습을 되게 많이 해야 했어요.

PPT 발표

— 영상 구도는 좋았는데 편집할 시간이 부족했어요.

'UCC' 발표

다시, 공부 다시, 학교

— 최대한 의견을 맞추려고 했던 것 같아요. 애들이 다 괜찮아하는 아이디어로.

'UCC' 발표

드디어 각자가 준비한 것을 펼쳐놓을 시간. 떨리는 마음을 가라앉히고 그동안 열심히 준비한 것들을 선생님과 친구들 앞에서 발표한다. 친구의 발표에 집중하며 때로는 웃음과 박수로 응원하고 지지해주는 학생들. 이렇게 학생들이 이끌어가는 수업은 전통적인 수업에서는 불가능했던 장면이다. 발표를 하는 학생도, 친구의 발표를 지켜보는 학생도, 모두에게 소중한 경험이 된다. 연극을 준비하고 그림을 그리고 영상을 만드는 동안 학생들은 자신을 돌아보게 된다. 교사들은 이런 경험이 '역량'이 된다고 믿는다.

한편, 문학작품을 비교하고 분석해서 서평을 쓰는 게 목표인 '지식중심 수업'반. 서평을 쓰기 위해서는 문학이론과 지식을 이해해야 한다.

— 이 반 같은 경우는 문학을 단계별로 배웠어요. 각각의 단계에 몰입하면서 그 단계를 하나하나 익히고 문학적 틀을 만들 수 있는 것을 요구했기 때문에 그런 것을 본인이 스스로 느끼고 그 틀을 완성하는 고민, 그리고 거기에 대해서 계속 사고하고 집중하는 힘. 이런 것들을 주요 포인트로 삼아 수업을 진행했습니다.

호양서, 고등학교 국어교사

여기서 한 가지 짚고 넘어갈 것은 '지식 중심 수업'이라고 하면 전통적인 강의식 수업을 떠올리기 쉽다. 하지만 '지식 중심'이라는 말은 교사가 일방적으로 주입하는 지식이 아니라 '학생 스스로 배우는 지식'을 의미한다. 함께 실험에 참여한 조현영 교수는 각 반의 특징을 다음과 같이 구분한다.

— 지식 중심 수업이라고 해서 과거의 전통적인 방식인 교수 중심의 일방적인 지식 전달 수업이라고 볼 수는 없어요. 최근 강의식 수업이라고 해도 가급적이면 학습자의 참여를 유도하기 위해서 다양한 활동지들을 제공하죠. 하지만 활동 중심 수업에 비해서 다소 지식 중심으로 이루어졌다는 점에서 '지식 중심 수업'으로, 또 이에 비해서 훨씬 더 학습자의 주도성을 강조하면서 활동을 위주로 지식을 조금 더 약화시키고 학습자의 자율성이나 확산적 사고를 드러내어 활용했다는 점에서 '활동 중심 수업'으로, 이렇게 두 반의 특징을 구분지어 볼 수 있습니다.

지식 중심 수업에서 학생들은 '표현'보다 '내용'에 집중한다. 수업시간에 배운 지식으로 스스로 논리를 세우고 답을 찾는 것이다.

— 저한테 주는 메시지를 찾는 게 좀 힘들었어요. 서론, 본론, 결론 정리하는데 뭐로 정리해야 할지 잘 모르겠고, 어떤 걸 처음으로

잡을까 고민 좀 많이 했어요.

— 일단 책을 먼저 읽고 빈칸에 내용 채우기를 하면서 한번 알아보고, 이런 식으로 했어요.

— 등장인물의 특색이나 특징 같은 걸 찾고 또 관념을 찾고 이런 걸 반복했는데요.

— 중요한 관념들이나 생각들이나 인물들에 대해서 적었어요.

— 공통된 주제를 잡고 근거를 쓰고 제 생각으로 정리했어요.

한 달 후, 서로 다른 학습경험은 두 반의 학생들에게 어떤 영향을 미쳤을까. '객관식 시험, 논술, 말하기 평가'로 활동 중심 수업과 지식 중심 수업의 영향을 평가했다. 객관식 평가에서는 소설에 대한 '이해'와 '구성' 등 다양한 지식을 평가했다. 논술 평가에서는 의견을 설득력 있게 서술하기 위해 적절한 근거를 찾고 표현하는 능력을 살펴봤다. 말하기 평가에서는 유창성을 비롯해서 지식과 지식 생성 능력을 살펴봤다.

평가 결과, 객관식 시험에서는 지식 중심 수업을 한 학생들이 활동 중심 수업을 한 학생들보다 높은 점수를 얻었다. 특히 문학적 지식 관련 문항에서 높은 정답률을 보였다. 논술 평가에서도 지식 중심 수업을

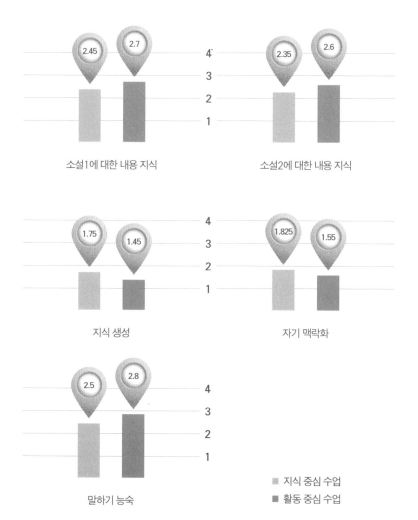

소설1에 대한 내용 지식

소설2에 대한 내용 지식

지식 생성

자기 맥락화

말하기 능숙

■ 지식 중심 수업
■ 활동 중심 수업

말하기 평가 결과

했던 학생들의 점수가 더 높았다. 문학지식의 체계를 적용하는 구성과 표현 영역에서 특히 높은 점수를 얻었다.

한편, 말하기 평가에서는 주목할 만한 결과가 나왔다. 유창성은 활동 중심 수업을 한 학생들의 점수가 높았지만, 지식을 생성하고 적용하는 능력은 지식 중심 수업을 한 학생들의 점수가 더 높았다. 이 결과가 뜻하는 바는 무엇일까. 조현영 교수는 다음과 같이 설명한다.

— 활동 중심 수업 학생들의 경우에는 자신들의 사고과정 자체를 다양한 매개체로 풀어내는 방식으로 했기 때문에 소설에 대한 몰입도나 이해 정도 내지는 소설의 전개에 대해서 구체적으로 이해할 수 있는 특징을 보였어요. 반면에 지식 중심 수업 학생들은 그것들을 조금 더 메타적으로 인식하고 소설에 적합한 용어로 풀어내는 데 훨씬 더 용이하지 않았나 생각합니다.

활동 중심 수업은 끊임없이 학생들이 다른 친구들에게 자신의 생각을 이야기하고 교사와 계속 말로 그 자리에서 서로 주고받으면서 상호작용하는 과정들을 거쳤기 때문에 아무래도 소설에 대한 자신의 생각을 표현하는 것이 훨씬 자연스럽게 느껴졌을 겁니다. 다만 활동 중심 수업 학생들이 '자기의 이해'라는 측면을 조금 더 이론적인 측면으로 연결했다면 좋았을 거라고 생각했습니다.

그 이유는 인간의 사고는 결국 언어기호라는 것을 사용할 수밖에 없고, 그 기호가 갖는 추상성이라는 것이 단순히 이론적인 지식으로서 어휘나 개념을 늘려주는 정도의 문제가 아니라, 자신의 구체적 경험을 추상적 기호체계와 연결시키는 과정에서 흔히 말하는 '메타인지'라는 측면이 일어날 수 있을 거라고 보거든요. 이번 실험 결과를 통해 심층적인 이해로 도달하기 위해서는 반드시 '자기의 경험과 이론'을 연결해주는 작업이 필요하다는 것을 확인할 수 있었습니다.

조현영 교수는 또한 이 평가 결과가 자칫 오해를 불러올 수 있음을 경계했다.

— 이 결과를 보고 지식 중심 수업이 아이들의 평가대비에 더 좋다는 식으로 해석하는 건 굉장히 위험할 수 있어요. 활동 중심 수업을 했던 학생들의 경우에 평가에서는 좋은 점수를 못 받았지만, 이번 프로젝트 이후에 보여준 변화는 굉장히 의미 있었다고 생각합니다. 자신감이 높아지고 학급 분위기와 교사의 생활지도 면에서 상당히 좋아졌다는 후기를 들었을 때 분명히 평가에 반영되지 못했던 아이들의 성장이 있었을 거라고 생각해요. 그래서 이런 부분들이 충분히 반영되도록 평가를 설계하지 못한 게 아닌가 하는 한계점도 느꼈던 부분이고요. 아이들의 성장은 어떤 점수화하는 평가로 나타나지 않더라도 분명히 잠재되어 배움을 일으키고 있다는 것을 잊지 말고, 항상 다양한 활동과 경험을 보장해주고 그것들을

평가까지 연계해줄 수 있다면 가장 좋은 방식의 수업과 평가가 될 수 있지 않을까 생각합니다.

결국 어느 한 가지 수업으로는 학생들에게 충분한 경험을 줄 수 없다. 역량과 지식 중 무엇이 더 중요한가, 수업은 활동 중심이어야 하는가 아니면 지식 중심이어야 하는가, 이제 이런 이분법을 지양해야 한다. 안드레아스 슐라이허 OECD 교육국장은 역량과 지식은 서로 연결되어 있다고 강조한다.

— 현대사회는 더 이상 '무엇을 아느냐'에 따라 보상하지 않습니다. 모든 지식은 인터넷 속에 있죠. 이제는 그 지식으로 '무엇을 할 수 있는지'에 따라 보상받습니다. 지식과 역량은 서로 상충하거나 상호배타적인 개념이 아닙니다. 그 둘은 서로 연결되어 있어요. 지식이 바탕이 되어야 역량을 더 키울 수 있고, 커진 역량을 통해 지식이 더욱 창의적으로 적용될 수 있습니다. 즉 견고한 지식의 토대도 갖추면서 자신들이 아는 것을 통해 추론하고 그 통합된 지식을 새로운 상황에 적용할 수 있는 능력도 갖추어야 합니다.

조현영 교수는 지식 수업과 활동 수업이 조화롭게 이루어져야 유의미한 성과를 얻을 수 있다고 말한다.

지식 교육의 방향 차원에서 봤을 때 학생들이 자유롭게 여러 가지 활동을 하면서 사고의 확장을 가져올 수 있게 해주는 활동 중심 수업의 장점을 충분히 살리면서 그것들을 좀 더 수렴시켜줄 수 있는 이론적 차원의 활동을 병행해주는 것이 중요합니다. 충분한 사고의 확장이나 경험적인 측면이 이루어지지 않은 상태에서 이론적인 것들만 중시하거나 강조하는 상황이 되면 사고가 갇히는 측면이 있을 수 있어요. 때문에 이 두 가지가 조화롭게 이루어져야 합니다. 그리고 보통 학교에서는 단원별로 이 단원은 활동 중심으로 한다거나 이 단원은 지식 중심으로 한다거나 하는 식으로 나누는 경우가 있는데, 그보다는 한 단원 안에서 지식과 활동이 순환적으로 이루어져야 합니다. 학습자의 발달과 성장 정도에 따라서 그때그때 피드백의 형태를 만들어갈 수 있어야만 활동 중심 수업으로서도 지식 중심 수업으로서도 의미가 있을 것이라고 생각합니다.

: 흥미와 정보를 넘어, 생각하기를 만들어내는 일

대니얼 윌링햄 미국 버지니아 대학교 교수는 인지과학자로서 학교 교육에 다양한 조언을 해왔다. 그는 학교에서의 활동은 수업목표에 따라 구체적으로 설계되어야 하고 학생들의 지식을 확인하는 과정이어야 한다고 말한다. 교사는 흥미보다 학생들이 어떤 생각을 할지 고려해야 한다. 이런 과정이 없다면 활동 중심 수업은 자칫 '배움 없는 활동'에 그칠 수 있다.

— 학생들에게 주어진 과제는 친구들을 가르치기 위한 것이 아니었습니다. 자신의 프로젝트를 친구들 앞에서 발표하는 것이었죠. 자유롭긴 하지만 조금 막연해 보입니다. 그럼에도 학생들과 이야기를 나누어보면 대부분의 학생들은 발표하는 것이 좋고 많이 배운다고 말합니다. 하지만 발표한 학생은 교수가 아니기 때문에 내용이 그렇게 대단할 수는 없겠죠. 흥미롭게도 학생들에게 이 수업을 계속할지 물어보면 모든 학생이 원합니다. 발표 수업을 계속했으면 하죠. 다른 학생의 발표에서 얻는 지식이 별로 없다 해도 말이죠.

그러므로 교사는 더더욱 수업에 앞서 학생들이 수업시간 동안 어떤 생각을 하게 될지 고려해야 합니다. '교사의 생각'이나 '교사의 계획'이 아니라 '학생의 마음속에서 일어날 일'을 예측해보는 것이죠. 바로 그것이 학생들이 얻게 될 경험이고 수업을 통한 배움의 여부를 결정하기 때문입니다. 학생들이 수업시간에 배운 지식으로 나중에 무엇을 할 수 있을지 생각해야 합니다. 수업 중 학생들의 의식 흐름 역시 교실 밖에서 이루어질 흐름과 비슷해야 하죠.

윔링햄 교수는 또한 어떤 활동이든 반드시 지식이 필요하다고 강조한다. 그는 이것을 '배경지식'이라고 말한다. 배경지식이 있으면 훨씬 잘 이해되고 오래 기억된다는 것이다.

— 제가 자주 인용하는 문장이 있습니다. '트리샤가 커피를 쏟아서 댄이 대걸레를 가지러 갔어' 서로 다른 문장이지만 대부분 이 문장에서 이상한 점을 느끼지 못합니다. 이와 같은 인과관계를 이해하고 자연스럽게 문장을 읽기 위해서는 우선 쏟아진 커피로 엉망인 상황이 되어 대걸레로 그런 상황을 해결할 수 있고, 사람들은 엉망인 상황을 좋아하지 않으며 치우고 싶어 한다는 것을 알아야 합니다.
　이 상황을 상대방의 배경지식을 고려하지 않는다면 이렇게 말해야 할 겁니다. "트리샤가 커피를 쏟았어. 바닥이 커피로 얼룩졌잖아. 난 이런 상황이 정말 싫어. 마침 댄이 같이 있어서 대걸레를 가지러 갔어. 대걸레는 바닥을 청소할 때 쓰는 거야"라고 말이죠. 우리는 이 가운데 아무것도 설명하지 않습니다. 다시 말하지만 이것은 매우 보편적인 생략입니다. 만약 모든 상황을 말로 해야 하고 듣는 사람이 생략된 지식을 안다고 가정하지 않으면 대화는 무척이나 지루해질 거예요.

배경지식은 교실에서도 중요하다. 교사와 학생의 의사소통, 그리고 수업의 흥미에 영향을 주기 때문이다. 만약 교사가 학생들의 배경지식

수준을 과대평가한다면 수업을 듣는 학생들은 이해하기가 힘들어 혼란에 빠질 것이다. 마찬가지로 교사가 학생들에게 필요한 것보다 더 많은 정보를 제공한다면 수업은 지루해질 수밖에 없다.

하지만 학교에서 세상의 모든 배경지식을 가르칠 수는 없다. 그렇다면 학교에서는 어떤 지식을 가르쳐야 할까. 그 실마리를 찾아 뉴욕 외곽에 위치한 초등학교 아이칸차터 스쿨을 찾았다. 주로 다문화가정의 아이들이 다니는 이 학교는 놀랍게도 뉴욕의 2,400여 개 학교 중 상위 8%에 속한다. 학생들은 전액 장학금을 받고 사립학교에 진학한다.

아이칸차터 스쿨에서는 특별한 교육과정과 정해진 지침에 따라 지식을 가르친다. 사회탐구 수업 중인 4학년 교실에 들어가봤다. 그런데 교사는 과학 시간에 배운 지식을 언급한다.

— 산이 어떻게 만들어졌는지 과학 시간에 배운 것과 연결해볼 거예요. 자연과 사람이 어떻게 연결되나 떠올려보세요.

교사가 준비한 활동자료도 과학 시간에 배운 지식을 토대로 구성됐다. 아이들은 이미 학습한 배경지식 위에 새로운 지식을 쌓아올린다.

— 이 수업은 핵심지식 교육과정에 기반한 것입니다. 지난 과학 시간에 배운 내용을 사회탐구 과목과 연결지어 배우고 있어요. 지형에 대해 배운 것을 사회탐구에 적용해서 동물들이 산에서 어떻게 살

아닌는지 배웁니다. 그리고 언어 과목과도 연계해 글을 분석하고 주요개념을 구분할 수 있도록 가르칩니다.

세릴 디모, 아이칸차터 스쿨 4학년 담당교사

오늘 아이들은 '세계의 산'에 대해 배운다. 교육과정에서는 가장 먼저 각 단원에서 배워야 할 핵심지식을 설명한다. 이 단원의 핵심지식은 '산이 인간과 동물의 삶과 활동에 영향을 준다는 사실'이다. 이 단원을 배우기 위해서 '학생들이 알고 있어야 할 지식'과 '학생들이 알아야 할 지식'도 제시되어 있다. 학생들을 가르치기 위해 교사들이 알아야 할 지식도 있다. 또한 학생들에게 핵심지식을 이해시키기 위해 필요한 질문과 단어도 정리되어 있다. 이 교육과정의 특징은 다른 과목들과 연계할 수 있도록 구성되어 있다는 것이다. '세계의 산' 단원에서는 과학 과목의 '지구의 생성' 단원과 연계해서 가르쳐야 한다. 이렇게 설계된 지식체계 속에서 자유롭게 활동이 이루어진다. 덕분에 학생들은 수업내용을 더 잘 이해할 수 있다.

— 저희 조는 두 가지 다른 동물을 비교, 대조하고 있어요. 비교는 공통점을 찾는 것이고 대조는 차이점을 찾는 거예요. 먼저 원을 두 개 만들어서 가운데에는 공통점을 적고 가장자리에는 차이점을 적어요. 그다음에는 요약을 적어요. 적어도 세 문장에서 다섯 문장으로요.

다시, 공부 다시, 학교

물론 학생마다 배경지식과 역량에 차이가 있다. 교사는 이런 차이를 세심하게 배려해 그룹을 구성한다. 학생들이 서로 도움을 주고받으며 배움이 이루어진다.

— 산에 사는 여러 동물이 추운 날씨에 어떻게 적응하고 살아남는지 공부했어요. 버블 맵을 이용해 두 동물에 대한 정보를 정리하고 서로 비교할 수 있어요.

수업에서 교사가 가장 집중하며 준비하는 부분은 무엇일까.

— 가장 강조하는 것은 학생들이 배우는 지식들이 서로 연결되어야 한다는 겁니다. 수업시간에 배운 지식들이 서로 연결되어 있다는 것을 학생들이 이해했으면 해요. 개인적인 연결뿐만 아니라 학교 밖 세상과의 연결까지도 말이죠.

셰릴 디모, 아이칸차터 스쿨 4학년 담당교사

아이들이 수업시간에 배운 지식은 이미 알고 있던 배경지식과 연결되고 핵심지식으로 확장된다. 예를 들어 '중세시대'라는 하나의 주제로 미술, 언어, 음악, 외국어, 세계사 등 다양한 과목의 지식들과 연결하고 통합해서 가르칠 수 있다. 이렇게 연결되는 지식들은 학생들이 좋은 학교에 진학할 수 있는 토대가 된다.

:   최고의 수업은 어떻게 만들어지는가

　　사실 이 학교는, 하나의 거대한 실험이었다. 아이칸차터 스쿨이
위치한 '브롱스' 지역은 할렘처럼 낙후된 동네다. 사회적 격차, 교육 불평
등을 줄이는 것이 과제였다. 빈곤한 환경에서 자란 아이들에게 가정에서
배우지 못한 지식을 가르쳐 뒤처지지 않게 했다. 가난한 학생들에게 풍부
한 핵심지식을 심어주는 것은 '지식이 격차를 좁힐 수 있다'는 것을 보여
주기 위한 실험이었다. 결과는 성공적이었다.

　　이 실험을 고안한 사람은 교육학자 에릭 허시 박사다. 30년 동안
핵심지식을 구축해 빈곤 지역에 있는 여러 학교에서 가르치도록 했다.

―　　사회학적으로도 교육학적으로도 정말 흥미로운 실험이었습니다.
모두가 이 학교를 좋아하게 됐어요. 언어, 학습, 소통을 이해하는
데 가장 중요한 것은 필요한 배경지식이 있느냐 하는 것입니다.
만약 상대적으로 부유하지 않은 가정에서 자랐다면 그런 배경지
식이 없어요. 부모님도 고학력자가 아니거든요. 학생들에게 이 지
식을 체계적이고 효과적인 방법으로 제공하는 것이 정말 중요합
니다. 왜냐하면 지식 없이는 기술도 가질 수 없거든요. 기술은 역
량의 기반이 되기 때문에 중요하죠. 지식 격차를 해소하면 기술
격차와 사회경제적 격차도 어느 정도 해소할 수 있어요.

허시 박사는 아이들은 백지와 같기 때문에 풍부한 '지식'으로 채워줘야 한다고 말한다. 그리고 핵심지식을 가르치는 교사는 학생들의 지식 격차에 '관용'을 가지는 것이 중요하다고 강조한다.

— 1690년 존 로크가 "마음은 백지다"라는 말을 했습니다. 인간은 경험을 기반으로 다양한 것을 배울 수 있다는 의미죠. 선생님은 모든 학생들이 수업을 거의 이해하도록 해야 합니다. 가르칠 때 다양한 이해수준을 가진 학생들에게 참을성을 가져야 해요. 왜냐하면 어떤 학생은 다른 학생들보다 분명히 느릴 수 있거든요. 그런 다양한 수준에 참을성이 있어야 하고, 자신감도 필요하죠. 특별한 교육이 필요한 학생들을 제외하고 정상적인 범위에서는 시간이 지나면 느린 학생들도 기본적인 수준까지는 도달할 수 있어요. 하지만 능력에는 개별적인 차이가 있을 수밖에 없습니다. 그래서 선생님은 느린 학생들을 너무 몰아세우지 않되 후퇴하지 않도록 미묘한 선을 지켜야 하죠. 아이들의 개인적 차이에 관용을 보인다면 지속성을 가지게 되는 것 같습니다. 꼭 필요한 것이죠.

아이칸차터 스쿨의 책임감독관 제프리 릿은 칠판 앞에 서는 '교사의 역할'이 실험의 성패를 좌우한다고 말한다.

— 우리 학교의 교사가 되기 위해서는 세 가지 과정을 거쳐야 합니

다. 먼저 하루 동안 준비를 해서 학년에 맞는 시범강의를 합니다. 그리고 즉석에서 에세이도 써야 하죠. 다만 컴퓨터를 사용할 수는 없어요. 그 이유는 철자검색을 하지 않고 글을 쓰게 하기 위해서 예요. 학위가 있는 사람들이 얼마나 글을 제대로 못 쓰는지 알면 놀랄 겁니다. 문법, 구두점, 문장구조, 철자 등등 어떻게 대학에 간 거냐는 말이 나올 정도죠. 교사는 똑똑해야 합니다. 그리고 마음도 중요하죠. 헌신, 전념, 근면, 아이들에 대한 사랑, 아이들뿐만 아니라 학부모와도 좋은 관계를 맺을 수 있는지 등을 살펴봅니다. 이렇게 신중하게 선발된 교사들은 매달 새로운 과학, 수학, 읽기 프로그램, 역사 프로그램 등 다양한 분야의 전문가들에게 트레이닝을 받습니다. 그리고 학기 시작 전 일주일 동안 다시 트레이닝을 받죠.

우리 아이들에게는 한 번의 기회밖에 없습니다. 아이들에게 엉망이거나 비효율적인 교사를 배정한다면 그해는 허무하게 끝나고 보상받을 수가 없어요.

:   미래를 준비하고 싶다면, 미래를 준비하는 교사부터

어떤 지식은 오래 남고 어떤 지식은 쉽게 사라진다. 교육에서 가르쳐야 할 지식도 진화한다. 찰스 파델 OECD 교육위원회 의장은 전통

적인 과목 외에도 '21세기에 필요한 현대적 지식'을 가르쳐야 한다고 말한다.

— 현대사회에서도 지식은 중요합니다. 그런데 현대에 필요한 지식은 무엇일까요. 말하자면 이렇습니다. 우리 모두 건축가가 되진 않을 텐데 왜 삼각법을 가르칠까요? 데이터의 이해가 더욱 필요한 현대에서는 통계와 확률이 더 중요합니다. 또한 지식에 있어서 왜 수학, 언어, 역사와 같은 전통적인 것들에만 가치를 둘까요? 기술과 공학은요? 왜 컴퓨터공학, 생명공학, 환경공학을 열두 살 아이에게 가르치지 않죠? 기업가 정신, 미디어, 저널리즘 또한 마찬가지예요. 결국 '지식'이라는 부분이 바뀌어야 합니다.

세계 교육을 선도하는 OECD 교육위원회에서는 '21세기의 지식'을 새롭게 정의한다. 수학 과목 같은 전통적인 지식 외에도 '기업가 정신' 같은 현대적 지식, 그리고 '국제적 감각' 같은 주제도 범주에 포함한다. 교실에서는 지식과 함께 지식을 활용하는 '기술', 행동하고 참여하는 방법과 관련된 '인성' 등의 요소가 통합된 메타학습이 이루어져야 한다.

지수의 예를 들어 설명하면 이렇다. '$y=a^x$', 학교에서 배운 지수 공식이다. 그러나 많은 사람들이 이 공식을 기억하지 못한다. 죽은 지식만 달달 외웠기 때문이다. 그런데 사실 우리는 매일 뉴스에서 지수 공식을 만난다. '급격하게 증가하는 그래프'에 바로 지수 공식이 숨어 있다.

지식
알고 이해하는 것
Knowledge

21세기 교육
21st Century Learner

기술   인성
아는 것을 활용하는 방법   행동하고 참여하는 방법
Skills   Character

메타학습

찰스 파델 의장은 '이해와 전이'를 위해서는 '개념 설명'이 중요하다고 말한다.

— 가끔 저는 학생들에게 A4 용지나 물병을 주고 무엇이 보이는지 말해보라고 합니다. A4 용지는 당연히 종이 한 장에 불과해요. 하지만 원자이기도 하고 지수이기도 하죠. 계속 접고, 접고, 또 접고 무한대로 접을 수만 있다면 어마어마할 거예요. 이것은 지수의 예입니다. '강남스타일' 유튜브 조회 수를 예로 들 수도 있어요. 기하급수적인 증가를 나타내죠. 지카 바이러스, 에볼라 바이러스도 마찬가지예요. 지구온난화도요. 지수에 대해 가르친다면 실생활 속 지수의 예를 들어 이해시키고 '전이'가 이루어지도록 개념을 설명해야 합니다.

찰스 파델, OECD 교육위원회 의장

우리가 학교에서 배우는 지식이 쓸모없다고 느끼는 것도 '전이'가 없기 때문이다. 학생들은 학교에서 배운 지식을 다른 분야에 적용하고 새로운 지식과 연결할 수 있어야 한다. 다시 '활동'과 '지식'의 문제로 되돌아온다.

— '전이'라는 것은 '지식의 쓰임'을 말합니다. 수학이라는 과목을 벗어나 어떻게 지수를 활용할 건가요? 역시 과목에서 배운 것을

역사가 아닌 정치나 법에서 어떻게 활용할 수 있을까요? 이게 바로 전이입니다. 전문지식과 전이를 가르치되 기능적으로 활용할 수 있게 가르쳐야 합니다. 다시 말하자면 지식은 중요하지만 그 지식이 실제로 활용될 수 있어야 하죠. 이게 바로 현대사회가 필요로 하는 교육입니다.

찰스 파델, OECD 교육위원회 의장

미래사회를 살아가야 할 학생들에게 지식은 중요한 요소다. 수명이 연장되고 그만큼 '삶의 질'을 중요시하는 시대. '금융지식'은 OECD의 교육 프로젝트가 새롭게 주목하는 21세기의 지식이기도 하다. 전통적인 지식인 수학과는 범주가 다르다. 최근 미국에서는 금융지식이 중요하게 부각되고 있다. 그래서 교사와 금융 전문가들이 협력해서 금융지식을 정리하고 교육과정으로 개발하고 있다.

금융문맹 퇴치를 위한 미국의 비영리기관 점프스타트Jump $tart의 대표 로라 레빈은 금융은 단순히 숫자를 알고 덧셈을 하는 것 이상이라고 말한다.

— 학생들에게 돈을 보여주고, 그 돈으로 살 수 있는 다양한 물건들을 보여줍니다. 이 돈으로 햄버거 세트 두 개를 살 수도 있겠지만, 식재료를 산다면 집에서 더 많은 양의 음식을 할 수 있겠죠. 이런 방법을 통해 가르치면 학생들이 화폐가치를 이해하는 데 도움이

됩니다. 금융지식은 욕구를 통제하며 선택할 수 있게 도와주고, 미래를 계획할 수 있게 합니다.

금융지식은 전통지식과 새로운 지식을 통합한다. 우선 소비와 저축, 신용과 빚, 고용과 소득 같은 전통적인 지식이 토대가 되어야 한다. 그리고 투자, 위기관리와 보험, 금융 행위를 결정하는 능력 등이 새롭게 제시해야 하는 지식이다.

최근 사회적 격차와 불평등 문제가 심화하면서 사회적으로도 금융지식의 중요성이 커지고 있다. 청소년 금융교육 비영리단체 센츠어빌리티Cents Ability의 대표 로이 폴은 청소년들에게 금융교육이 반드시 필요하다고 말한다.

— 미국과 전 세계에서 빈곤의 악순환이 심각하게 이어지고 있어요. 가난한 사람 중 다수가 가난을 대물림받은 사람들입니다. 복권에 당첨되는 행운이 없다면 말이죠. 그런 경우 가족 중 아무도 돈과 관련해 저축하고 투자하는 법을 가르쳐주지 않습니다. 아이들에게 저축과 투자에 대해 뭐라고 말할 수 있겠어요? 해줄 말이 없습니다. 단순히 금융의 기초를 가르치는 게 아니라 인생을 살아가며 필요한 것들을 가르치는 겁니다. 그렇게 아이들의 시야를 넓혀주고 미래에 무한한 가능성이 있다는 걸 가르치는 거예요.

금융지식과 함께 환경이나 생태 관련 지식도 주목받고 있다. 미국 코네티컷주 커먼그라운드 고등학교에서는 조금은 엉뚱해 보이는 수업이 한창이다. 모든 학생들에게 '3분'의 시간과 팝콘이 주어진다. 팝콘으로 아무 행동이나 해야 한다. 먹어도 된다. 사실 팝콘은 지구의 한정된 자원을 의미한다. 숲이나 물, 화석연료일 수도 있다.

— 다른 친구들의 반응이 흥미로웠어요. 한 친구는 좋아하면서 다 먹어치웠고, 또 다른 친구는 찌꺼기만 남았다고 했거든요.

— 맞아요. 처음엔 무슨 의미인지 몰라서 지루하고 재미가 없었어요. 나중에 이 팝콘 수업의 의미를 배우고 나니 흥미가 생겼습니다. 처음에는 인종에 따라 자원이나 자연에 반응하는 차이를 알아보는 줄 알았는데, 인류에 대한 수업이라는 것을 깨달아서 흥미로웠어요.

커먼그라운드 고등학교는 환경교육을 인가받은 전문학교다. 환경에 관심 있는 학생들이 전 세계에서 이 학교로 찾아온다. 현재 18개 국가에서 찾아온 학생들은 환경과 생태 관련 지식을 쌓아가고 있다. 물론 전통적인 과목들도 배운다. 학교를 졸업한 후에는 대학에 진학해 정치가나 환경운동가를 꿈꾼다.

— 자연환경에 대한 관심이 고조되고 있어요. 기후변화 문제가 더욱 심각해졌으니까요. 학생들이 더 큰 문제의식을 갖고 있는 것 같아요. 압박을 느끼고 불안해하죠. 지금 이 문제를 해결하지 않으면 후손들에게 어떤 문제가 생길지 걱정합니다. 학생들이 문제의 심각성을 피부로 느끼고 있어요.

리즈 콕스, 커먼그라운드 고등학교 교장

: 어제보다 오늘, 내가 더 나아지고 있다는 경험

세상이 변하듯 지식도 변한다. 새로운 세상에 어울리는 새로운 지식이 필요하다. 이제 지식은 더 이상 '아는 것'이라고 표현할 수 없을 만큼 개념이 복잡해졌고 범주도 확장됐다.

가까운 미래, 우리 사회에는 어떤 지식이 필요할까. 오늘 배운 지식이 내일 쓸모없어질 수도 있다. 미래를 살아갈 사람들에게는 그에 맞는 준비가 필요하다. 학생들에게 의미 있는 지식, 살아 있는 지식을 가르쳐야 한다. 그 지식을 세상과 연결하고 활용하고 적용할 수 있는 능력을 키워줘야 한다. 학생들의 성장을 도와주는 교사의 역할도 더욱 중요해졌다.

— 우리는 선택해야 합니다. 학생들이 수십 년간 기억해야 하는 지식이 무엇인지 고려해서 교육과정을 구성해야 하죠. 그 내용은 몇

년에 걸쳐 꾸준히 학습하도록 체계적으로 나뉘어 있어야 합니다.

대니얼 윌링햄, 버지니아 대학 교수

— '무엇을 바꿔야 하는가'의 문제도 있지만 '어떻게 가르쳐야 하는 가'의 문제도 있습니다. 또한 학생의 경험도 고려해야 해요. 이 모든 것이 고려되어야 합니다. 결국 '무엇'과 '어떻게'의 문제입니다. 교육과정은 무엇인지 어떻게 가르치고 배우게 할지 깊이 고민해봐야 합니다.

찰스 파델, OECD 교육위원회 의장

안타까운 것은 우리는 아무도 미래를 정확하게 알 수 없다는 것이다. 아이들도 교사도 학교도 모든 것을 예측할 수는 없다. 그러나 어제보다 나은 오늘은 준비할 수 있다. 그 경험을 통해 자신감과 유연함을 갖추는 것이 중요하다. 결국 공부란 무엇이어야 하는가. '최고의 수업이란 과연 무엇인가'는 여기에 답이 있는 게 아닐까.

— 수업은 학생에게 충분한 몰입 경험을 제공해줄 수 있는 행복한 경험이 되어야 합니다. 행복이라는 것이 단순히 재미있고 흥미롭다는 걸 의미하는 건 아니에요. 학생이 내가 어제보다는 오늘 조금 더 나아졌구나, 내일은 좀 더 나아질 수 있겠구나 하는 희망적인 성장의 경험과 기대감을 가질 수 있어야 합니다. 그리고 힘들더라

다시, 공부 다시, 학교

도 이게 나의 미래를 위해 의미 있는 경험일 거라는 확신을 가지고 노력할 수 있는 그런 수업이 되어야 한다고 생각해요. 결국 수업이 아이들에게 행복과 성장을 동시에 가져다주는 것으로서 의미 있는 경험이 되어야 할 것입니다.

조현영, 인하대 교육대학원 교수

8 교실이 두려운 교사들

깨어 있는 수업은 어떻게 가능한가

: 졸린 아이들, 잠자는 교실

— 얘들아 고개 들어봐라, 고개 들어보세요. 101쪽 하고 있어요.

대구에 있는 한 고등학교의 영어 수업시간이다. 안타깝게도 절반 가까운 학생들이 졸고 있다. 점점 더 깊은 잠에 빠져드는 학생들. 자는 아이들을 두고 선생님 혼자 고군분투 중이다. 농담이라도 하면 좀 달라질까. 아이들에게 짓궂은 농담도 건네보지만, 아이들은 깨어날 줄 모른다. 혼자 수업을 해야 하는 교사도, 쏟아지는 잠을 참기 힘든 학생도, 이 수업이 고통스럽기는 마찬가지다.

— 10%, 20%는 아예 그냥 자죠. 습관화되어버렸어요. 그러니까 이런 생각이 드는 거죠. 아, 이 선생님 시간에는 자도 내버려두시더

라, 이런 게 고착화된 거 같아서 마음이 아파요. 선생님 수업이 기다
려진다, 선생님 수업은 들어야 한다, 그런 수업이 됐으면 좋겠는데.

강도렬, 고등학교 교사

좋은 교사가 되고 싶다는 꿈 하나로 여기까지 왔다. 하지만 요즘
강도렬 교사는 점점 자신이 없어지는 것 같다. 수업시간만 되면 왜 잠드
는 교실이 되는지 선생님은 답을 찾고 싶다.

—   교무실에서 나와 교실까지 걸어오면서 크게 심호흡을 하고 마음
    속으로 다짐해요. 학생 문제가 아니라 내 문제야. 학생한테 화내
    지 말자.

다시 수업이 시작됐다. 선생님은 열심히 설명하는데 학생들은 들
을 생각이 없어 보인다. 오늘도 수업하기가 쉽지 않다. 그런데 수업 중에
벌컥 문이 열리더니 학생 하나가 들어온다.

    교사: 너 어디 갔다 오니?
    학생: 은행이요.
    교사: 은행?

선생님의 말문을 막히게 하는 당당한 지각생까지 등장했다. 졸리

면 잠자고 아무렇지 않게 지각하는 교실의 풍경. 아이들에겐 별일 아닌 일상이 되어버린 걸까.

— 저는 그냥 듣고 싶으면 듣고, 듣기 싫으면 자고. 제 주변에 자는 애들도 몇 명 있어서 저만 자는 게 아니어서 좀 괜찮은 것 같아요.

— 원래 평소에도 자는데⋯. 선생님이 안 깨웠으면 좋겠어요.

서울의 한 고등학교 한국사 수업시간이다. 올해 26년 차 김정수 교사가 칠판 한가득 판서를 하며 강의를 하고 있다. 하지만 아이들은 밀려오는 졸음을 버틸 수가 없다. 선생님이 다가가서 깨워도 소용이 없다. 학생들은 저도 모르게 다시 잠에 빠져든다.

— 별로 안 좋아하는 과목이나 관심 없는 것들은 거의 자요. 솔직히 조금 많이 죄송하죠. 자니까. 수업에 대한 예의는 아니잖아요.

— 어쩔 수가 없죠. 너무 졸려서요. 참을 수가 없어요. 현실적으로 중요 과목을 더 해야 하거든요. 대학에 가기 위해서.

— 어차피 암기 과목인데 그냥 집에 가서 따로 공부해도 되겠지 하는 생각이 머릿속에 박혀 있으니까. 수업시간에 대충 들어도 되겠지,

이런 생각을 가지고 수업을 듣게 돼요.

입시에 중요하지 않다는 이유로 아이들에게 외면받는 수업. 선생님은 지금의 현실이 답답하다. 한국사 시간엔 수능에 필요한 것만 가르쳐달라는 아이들 때문에 속상할 때도 많다.

— "이렇게 깊게 배울 필요가 있나요?" 내지는 "이런 거 수능엔 안 나오잖아요?"라는 질문도 받고, 또 실제 수업을 하다 보면 학생들이 이 수업내용에 별로 관심이 없다는 것이 가슴 아픕니다.

김정수, 고등학교 교사

치열한 입시경쟁 속에서 수업시간에 잠을 자는 것도 하나의 전략이 된 걸까. 학생들은 입시에 중요하지 않은 과목을 왜 들어야 하는지 오히려 반문하고 있다.

— 수능 과목이 아니라거나 또는 내신은 포기하고 수능으로만 가겠다, 이런 학생들이 일부 있고 또 일부 학생들은 무력한 학생들이죠. 어차피 참여해도 모르고 또 그 학생들은 이번 게임은 졌다고 생각해요.

성열관, 경희대 교육대학원 교수

: 　　교사가 무기력해지면, 배움도 불가능하다

　　수원의 한 고등학교에서 한국사를 가르치는 이정원 교사. 지금 학생들은 교실에 어떤 의미를 두고 있는지 궁금하다. 어떻게 해야 아이들이 수업에 흥미를 가질 수 있을까. 선생님은 수업시간마다 동영상 자료를 직접 만들어 별도의 교재로 활용하고 있다. 잠자는 교실의 풍경을 바꿔보려 다양한 수업방식을 시도하는 것이다.

— 　　수업을 안 듣는 친구들한테 왜 안 듣는지 물어봤더니, 제일 많이 나온 대답이 재미가 없어서였어요. 그래서 동영상 자료를 만들기 시작했는데 진짜 배우고 싶다는 생각이 들게끔 하는 영상을 찾는 데 시간이 상당히 오래 걸리는 것 같습니다. 그런 영상도 넣고, 교과서 내용을 요약 정리한 것도 한 10분 남짓 넣어서 동영상 강의를 직접 만들어서 인터넷에다가 올려요. 그리고 그걸 보라고 해도 안 보고 오기 때문에 그냥 수업시간에 틀어주고 부연설명과 조금 중요한 부분을 다시 한 번 이야기해주는 정도로 끝냅니다.

이정원, 고등학교 교사

　　이정원 교사는 수업 중 직접 강의를 하기보다 자신이 만든 강의 동영상을 주로 보여준다. 수업의 효율성을 높이고 학생들의 공부에도 도움이 될 거라 생각해서다. 그러나 막상 아이들의 반응은 썩 좋아 보이지 않는다. 딴짓을 하며 장난치는 학생이 있는가 하면, 영상을 보지 않고 아예 엎드려 자는 친구도 있다. 때로 자는 아이들을 깨워서 교실 뒤에 세우기도 한다. 그러나 뒤에 서 있다고 해서 잠을 깨지는 않는다. 아이들도 힘들겠지만, 교사도 화가 난다.

— 그래도 제가 노력하지 않는 편은 아니라고 생각하는데, 학생들이 그런 식으로 해버리면 저도 사람인데…. 항상 갈등합니다, 항상. 오늘만 해도 몇 번의 갈등이 있었고. 하, 매 수업마다 최소 두 번 이상은 저거 어떻게 해야 하나, 가만히 놔둬야 하나 말아야 되나 갈등이 있는 것 같습니다.

이정원, 고등학교 교사

학생들의 이야기를 들어보자. 선훈이에게 학교는 어떤 의미일까. 선훈이는 집에 오면 밤새 컴퓨터 앞을 지킨다. 온라인게임을 하고 게임한 영상을 편집해서 개인방송도 한다. 앞으로 개인방송을 하는 영상편집자가 되는 것이 꿈이다. 학교 공부를 하지 않아도 꿈을 이룰 수 있다고 생각하니, 수업을 들어야 할 이유를 찾지 못하겠다.

— 공부를 해도 뭔가 성취감이 없어서 안 하게 된 것 같아요. 그리고 공부 말고도 다른 길로도 먹고살 방법은 많다고 생각해요. 유튜브 보면 유명한 사람들 많잖아요. 그 사람들처럼 되고 싶어서 영상을

편집해서 꾸준히 업로드하고 있어요. 수업시간은 말은 수업히는 시간이지만 저한테는 자는 시간이죠.

수업의 의미를 못 찾겠다는 아이들. 교실은 점점 잠들고 있다. 아이들은 왜 이렇게 교실을 외면하게 된 걸까. 대구의 한 고등학교에서 물리를 가르치는 박재경 교사의 수업을 들여다봤다.

열심히 판서를 하며 내용을 설명하는 선생님. 과장된 몸짓으로 시선을 끌어보려는데, 아이들은 점점 잠에 빠져든다. 선생님이 직접 다가가 조는 학생을 깨운다. 하지만 수업이 진행되면 아이들은 다시 졸기 시작한다. 이렇게 수업을 듣지 않아도 괜찮은 걸까.

— 학원에서 이미 들었던 내용이에요. 학원에서 배우면 학교에 있는 내용은 다 안다고 보면 돼요.

— 학원에서는 모르는 걸 계속 물어볼 수 있어서 학교보다는 학원이 잘되는 거 같긴 해요. 학교는 친구들이랑 사회생활 같이 배우고 그런 곳 같아요.

— 다 학원에 가서 수업 듣고 하지, 학교에서는 수업 안 듣고 놀아요. 그냥 학원에서 예습 나가고 학교에서는 개념 같은 걸 복습하는 그런 용도로 듣고 있어요.

다시, 공부 다시, 학교

— 솔직히 말해서 학원에서 맞춤형 수업을 12시간 정도 풀가동시켜 하는 것이 저한테는 오히려 훨씬 이득이긴 하죠.

학교가 아닌 학원에서 공부를 다 하기 때문에 수업시간에 잘 수 있다는 아이들. 배움의 의미를 잃고 의욕도 잃어버렸다. 이런 교실에서는 선생님도 사라져간다.

박재경 교사는 좋은 수업으로 학생들의 마음을 움직일 수 있다고 생각한다. 그래서 조는 학생을 볼 때마다 어떻게든 깨워보려 애쓴다. 하지만 선생님의 노력에도 아이들은 잠깐 일어나는 듯하더니 금세 다시 잠이 든다. 아예 수업을 듣지 않는 학생도 있다. 수업시간에 이어폰을 끼고 인터넷 강의를 듣고 있는 학생이 선생님은 자꾸 마음에 쓰인다. 선생님은 수업 이후 학생과 좀 더 이야기를 나눠보기로 했다.

교사: 내신성적은 거의 생각을 안 해?
학생: 네.
교사: 너한테 필요성이 없어?
학생: 제가 시간표에다가 자도 안 깨우는 선생님 시간을 동그라미 해놓거든요? 저는 그 자는 것 자체를 플러스로 생각을 하고 잘 수 있는 시간에 그냥 자는데.
교사: 아~ 자는 게 플러스다. 체력을 보충할 수 있어서? 어차피 밤에 집에 가서 공부해야 하니까? 그러면 그렇게 체크해놓은 시

2부 학교에 대해 다시 생각하다

간이 하루에 몇 시간쯤 돼? 7시간 중에서?

학생: 하루 3~4시간 정도는 잘 시간 있었어요.

교사: 그럼 깨어 있는 시간은?

학생: 그냥 멍 때리고 있어요.

교사: 멍 때리고 있어? 아니면 다른 문제 풀거나? 오로지 수능을 위한 문제?

학생: 네.

교사: 그냥 수능을 잘 쳐서 이 점수에 맞춰서 대학을 가겠다….

수업시간엔 잠을 자고 공부는 인터넷 강의로 한다는 학생. 학생의 솔직한 고백에 선생님은 착잡한 마음을 감출 수 없었다. 박남기 광주교육대학교 교수(한국 교원교육학회 회장)는 현 교육 현장에서 손발이 묶인 교사를 풀어주는 제도적 보완이 필요하다고 말한다.

— 현재 제도 자체가 수업 중에 자는 것을 교사가 어떻게 할 수 없도록 되어 있습니다. 손발이 묶여 있는데 싸우라고 하면 어떻게 하겠어요. 그러다 보니 학교 현장이 지금 소극 행정이 만연된 시절처럼 되어가고 있어요. 애들이 공부를 안 하고 잔다고 해서 교사 입장에서 자존심은 좀 상하지만 불이익이 돌아오는 건 없죠. 그런데 만약에 적극적으로 제재하다가 화가 나서 말 한마디라도 잘못하거나 체벌이라도 하게 되면 바로 자기 처벌이 됩니다. 학생의

인권을 강조하고 교사의 교육권과 인권 부분이 잠시 뒷전에 밀리면서 결국 학생들의 손은 풀어놓고 교사의 손은 묶어놓게 된 겁니다. 이런 배경에서 일부 교사들은 어쩌면 교육을 포기하고 있는지도 모르죠. 그냥 시간만 때우는 거죠. 아이들이 학습했는지 여부에 대해서는 관심도 두지 못하고.

학교는 무엇을 할 수 있을까. 수업을 듣지 않는 것도, 수업시간에 잠을 자는 것도 학생들의 전략이 된 것이 지금의 교실이다. 두 교사가 마주앉아 답답한 속내를 털어놓는다.

강도렬 교사: 요즘 드는 생각은 학교는 정말 오고 싶은 애들만 왔으면 좋겠어. 진짜 너무너무 힘들어.

박재경 교사: 그것도 있지.

강도렬 교사: 지난주에 우리 반에 어떤 애는, 하아…, 포커를 치고 있더만.

박재경 교사: (웃고)

강도렬 교사: 왜 쳤니? 그러니까, 학교가 재미없대. 그냥 이런 거라도 해야지 스트레스가 풀린대.

박재경 교사: 재미없지~.

강도렬 교사: 재미없지. 그 딱딱한 책상에 앉아가지고.

박재경 교사: 문제는 성적이 잘 나와. 모의고사 성적이 엄청 잘 나

와. 그런데 내신은 형편없어. 왜? 수행평가는 하나도 안 보고.

강도렬 교사: 그렇지, 귀찮으니까.

박재경 교사: 귀찮으니까 학교에서 배우는 게. 일단 학교에 대한 어떤 동기가 전혀 없는 거야. 나는 요새 제일 큰 고민으로 생각하는 것 중에 하나가, 우리가 지금 이렇게 하는 수업이 언제까지 애들한테 먹힐까? 이게 결국, 하… 안 쉬워. 일개 교사인 나 혼자서 할 수 있는 것도 아니고.

강도렬 교사: 나는 애들이 자는 게 내 수업이 재미없기 때문이다, 내가 이 친구들이 원하는 수업을 설계 못 했고, 이 친구들이 원하는 대로 내가 못 바꿔서 그렇고, 옛날 방식만 고집해서 그렇다고 생각했는데. 하, 모르겠어. 지금은.

어디서부터 문제를 풀어야 하는 걸까. 선생님들은 작은 실마리라도 찾고 싶다.

— 학생들이 학교에서 어떤 수업내용을 기대하지 않아요. 생활기록부에 비교과영역을 충실히 하게 하는 게 학교의 역할이고, 그런 마련을 해주는 장이 학교라고 생각하죠. 그러니까 학생들 성적을 올려주는 곳은 학원이라고 생각하고. 그렇게 학생들이 이분화하고 있더라고요.

강도렬, 고등학교 교사

다시, 공부 다시, 학교

— 선생님 수업에서 네가 정말 얻을 수 있는 게 단 하나도 없을까? 수업을 듣는 과정에서 선생님과의 관계 속에서 네가 얻을 수 있는 것들, 그게 꼭 물리지식이 아니더라도 어떤 내용이더라도 네가 얻어 가는 게 있지 않을까? 선생님의 노력, 그리고 우리의 노력이 함께하면 좀 더 나아질 수 있구나 하는, 학생들에게 생각의 변화를 주고 싶습니다.

박재경, 고등학교 교사

: 잠자는 교실을 흔들다

선생님들은 무기력한 교실의 풍경을 바꿔보고 싶다. 그 첫걸음을 어디서부터 시작해야 할까. 〈다시, 학교〉가 한국리서치와 함께 실시한 「2019 학교진단조사」에 따르면 교사, 학생, 학부모 모두가 수업시간에 잠을 자는 근본 원인으로 입시 중심의 교육제도를 지적했다. 그런데 잠자는 교실을 바꾸기 위해 가장 필요한 것으로는 수업방식의 변화를 꼽았다.

이혁규 청주교육대학교 사회교육과 교수는 이 모든 상황을 넓게 보면 교사, 평가제도, 학교를 보는 사회구조가 다 맞물려 있다고 말한다. 때문에 이 상황을 교사 개인이 전적으로 책임지기는 힘들다. 하지만 그래도 교사가 할 수 있는 부분이 상당하다고 조언한다.

— 여전히 교사가 노력하거나 교사가 개선할 수 있는 부분은 상당히 있다고 봅니다. 그 부분을 우리가 포기할 수 없죠. 고통스럽지만 모든 학생들의 학습에 관심을 가지는 것으로 마음이 우선 바뀌어야 된다고 생각합니다. 마음이 바뀌면 그다음에 길은 찾아낼 수 있는 거죠.

어떻게 수업을 개선하면 아이들을 깨울 수 있을까. 어떤 노력이 어떤 변화를 만들어내게 될까. 이를 위해 교사들이 프로젝트를 시행했다. 그 프로젝트의 첫걸음은 자기 수업을 성찰하는 것이다.

강도렬 교사가 처음으로 자신이 수업하는 모습을 영상을 통해 들여다본다. 스스로를 보는 것이 조금 쑥스럽기도 하다. 그런데 수업 영상이 진행될수록 선생님의 표정이 굳는다. 뭔가 아주 많이 마음에 안 든다. 강 교사는 자신이 발견한 수업의 문제점들을 하나하나 기록한다. 그동안 놓치고 있던 것들이 이제야 보이는 것이다. 자신의 수업을 아이들이 어떻게 바라보고 있었을지 조금 알 것 같다.

— 제가 선입견으로 또는 과거 축적된 경험 때문에 저 학생은 깨워봤자 또 자겠지 하는 학생들을 너무 많이 방치하고 있는 것 같아요. 아이들을 배움으로 초청은 하려고 하는데 마음과 달리 뭔가 진심이 전달되지 않아서 학생들이 잘 따라오지 않고. 그러다 보니 목소리는 점점 더 커지고 학생들은 점점 더 졸고 있고…. 영상 속

선생님을 보면 과연 행복하냐고 묻고 싶어요.

박재경 교사도 자신의 수업을 관찰하는 시간을 가졌다. 그동안 몰랐던 모습이 눈에 들어온다. 항상 열정을 다해 가르쳐왔다고 생각했는데, 학생들의 시선으로 보니 고쳐야 할 점들도 많이 보인다.

— 실제 수업하는 입장에서는 20분쯤 지나면 본격적으로 수업의 주제와 핵심을 이야기할 때라서 가장 집중해서 열을 내면서 수업을 하는데 오히려 학생들 반응은 그렇지 않은 것 같네요. 받아들일 준비가 그 타이밍을 지나선 것 같습니다. 그래서 이걸 한번 바꿀 필요가 있지 않나 생각합니다.

수업 영상을 분석하던 이정원 교사도 고민에 빠진다. 수업을 따라오지 못하는 학생들을 어떻게 가르칠 것인지가 문제다.

— 이해해주는 친구들을 보면서 주로 수업을 많이 했었는데⋯. 계속 지적을 했는데도 다른 짓을 한다거나 멍 때리고 있는 것 같은 친구들도 좀 보이는 것 같고, 새로운 것 같습니다. 어떻게 보면 제가 그 친구들을 외면하려고 했던 게 아닌가 하는 솜 그런 생각도 느는 것 같습니다.

자신을 객관적으로 바라보는 시간을 가진 교사들은 스스로 변화를 만들어보기로 했다. 우선 이정원 교사는 직접 교과서 내용을 바탕으로 게임용 카드를 만들었다.

— 독립운동 단체 이름이 워낙에 많고 외우기 힘드니까 게임이라도 하면서 한 번 봐라 하는 의미에서 만든 것인데요. 진짜 공부 안 하는 학생들 입장에서는 그래도 한 번 봤다는 거, 수업시간에 맨날 자기만 하고 딴생각하던 친구들이 게임을 하면 한두 번이라도 본다는 그 자체도 나쁘지 않다는 생각에서 준비해봤습니다.

이정원 교사의 수업시간. 교실에 카드 섞는 기계가 등장했다. 선생님이 학생들과 조를 이뤄 카드게임을 하고 있다. 카드에는 고려시대의 역사적 사건들이 빽빽이 적혀 있다. 선생님은 게임 방법도 자세하게 설명해준다. 게임을 하니 자는 아이들은 사라졌다. 스피드 퀴즈도 이어졌다. 열중해서 퀴즈를 푸는 학생들.

학생 1 : 얘가 차고 있는 거.
학생들 : 시계?
학생 1 : 이에 차고 있는 거, 이에 차고 있는 거.
학생들 : 교정.
학생 1 : 포켓몬 볼 때는 뭘 봐. 보려면 뭘 봐.

학생들: 도감.

학생 1: 이어봐.

학생들: 교정도감!

학생 1: 우와~ 정답!

학생들은 이 수업을 어떻게 받아들였을까. 스피드 퀴즈에 나왔던 '교정도감'을 제일 재미있게 기억하는 학생들이 많았다. 그러나 교정도감이 무엇인지 물어보니 제대로 답하는 학생은 별로 없었다. 게임을 하는 동안 수업을 포기하는 학생은 없었다. 하지만 게임 활동 안에서 배움이 일어나는 것 같지는 않다. 새로운 시도를 했던 이 수업에 선생님은 만족했을까.

— 이게 잘하고 있는 건지 잘 모르겠습니다. 이게 맞는 건지. 더 유익해야 되겠고 더 학생들이 필요를 느낄 만큼 만족할 만한 수업을 제공해야 될 것 같습니다. 그렇게 하려면…, 그런데 말하고 보니까 엄청 힘들 것 같다는 생각이 한편으로 들기도 합니다.

: 수업은 기술이 아니라 경영

오랜 기간 교수법을 연구해온 박남기 교수가 이정원 교사의 수업에 참관했다. 박남기 교수는 아이들이 배움의 즐거움을 느끼도록 하기 위해서는 교사에게 수업경영 역량이 반드시 필요하다고 말한다. 박남기 교수의 일차 포인트는 수업기술과 수업경영은 다르다는 것이다.

— 일단은 깨어나게 하는 게 첫 단계예요. 그런 의미에서 이 게임이 수업에 관심 없고 졸기만 하는 애들한테는 의미가 있어요. 그런데 공부 잘하는 애들은 그 시간이 아깝다는 생각을 할 수도 있겠죠. 따라서 수업에 열심히 참여하는 집단과 전혀 무관심한 집단에 대해서 수업목표를 이원화하는 게 필요합니다. 무관심한 아이들은 적어도 이 시간에 딱 이 용어 하나는 기억했으면 좋겠다. 이런 목표를 세워야 될 것이고 잘하는 아이들의 경우에는 사전 인출을 통해서 어디까지 알고 있는지 확인하고 그다음을 가르치겠다는 목표가 설정되어야겠죠.

　사실 이런 것들이 모두 수업경영 능력이에요. 수업경영은 소위 말하는 수업기술하고는 조금 다릅니다. 이번 시간에 배울 내용에 대해서 어떻게 아이들의 흥미를 유발할 것인가, 또 어떻게 하면 아이들이 적극적으로 자기 뇌를 활용하도록 할 것인가. 아이들은 교사 혼자서 10분 이상 이야기하면 자요. 우리 뇌가 졸음을 느끼죠. 그래서 수업 흐름은 반드시 7~10분 단위로 끊어서 다양하게 세팅을 해줘야 하는데, 이걸 어떻게 할 것인가. 그리고 수업 중에 교사가 원하지 않는 행동을 하는 아이가 있다면 어떻게 그 아이를 참여하는 학생으로서 역할하도록 유도할 것인가. 이게 전부 수업 경영 안에 들어가는 것들이에요. 그런데 지금 많은 선생님들이 수업 중에 자신이 원하는 바람직한 행동을 어떻게 강화시키고, 문제 행동은 어떻게 약화시킬 것인가에 대한 일반론을 갖고 있질 못합니다.

박남기 교수는 두 번째 포인트로 아이들에게 제대로 된 공부법을 가르치는 것을 꼽았다. 교사의 목적은 아이들이 배우게 하는 것이지 교사가 가르치는 게 목적은 아니라는 것이다.

— 수업 중에 배울 만한 게 있어야 하죠. 그런데 쉽게 배운 지식은 모래 위에 쓴 글씨와 같다는 말이 있듯이, 선생님이 그냥 가르쳐주면 애들은 아는 것 같지만 끝나고 나면 사라집니다. 학생들은 언제 배울까요. 자신의 뇌를 능동적으로 활용해서 적극적으로 사고한 결과물이 학습이에요. 때문에 어떤 식으로든지 수업 중에도 그렇고 수업 전후에도 그렇고 자신의 뇌를 활용해서 사고할 기회를 제공해줘야 합니다.

그리고 아이들에게 기본적인 공부법을 가르쳐줘야 해요. 예를 들어 시험범위를 열 번 읽는 것하고 한 번 읽은 뒤 책을 덮고 떠오르는 것을 적어보는 것하고 어떤 게 더 좋은 공부법일까요. 효과를 따지면 열 번 읽는 것보다 한 번 읽고 인출하는 게 훨씬 더 좋

습니다. 기본적으로 인출은 일단 더 덮어놓고 아무것도 제공되지
않은 상황에서 정말 자기 뇌 속에서 끄집어내는 게 인출이에요.
아이들한테 이런 공부법을 가르쳐주지 않으면 음악 들으면서 계
속 앉아서 읽기만 하는 거예요. 그러면 눈에 익숙해지니까 완전히
알았다고 착각하게 되죠.

강도렬 교사와 박재경 교사는 수업 코칭 전문가인 김현섭 수업디
자인연구소 소장과 면담을 가졌다. 구체적인 수업 분석을 진행한 김현섭
소장은 수업을 디자인하기에 앞서 '관계'와 '질서 세우기'가 먼저라고 강
조한다. 수업에서 관계와 질서 세우기가 되지 않으면 아무리 수업 디자인
을 화려하게 꾸미고 노력을 해도 배움이 일어나기 힘들다는 것이다.

— 교사와 학생 간에는 친밀한 관계를 넘어서 신뢰성 관계가 필요해
요. 교사는 학생이 살아온 면을 존중해주고 학생은 교사의 권위에
순종할 수 있게 분위기를 만들어주는 게 기본입니다. 그리고 질서
세우기는, 질서가 무너지면 배움이 일어날 수 없어요. 딴짓을 하거
나 떠들거나 장난치거나 잠을 잔다면 배움이 일어나지 않죠. 그런
면에서 교실에서의 관계와 질서 정립이 중요하다고 보는데, 많은 분
들이 이 둘을 상호모순적 관계로 이해하는 경향이 있어요. 관계를
추구하면 질서를 놓치고, 질서를 추구하다 보면 관계를 놓친다고 말
이죠. 그런데 관계와 질서 세우기는 상호보완적이라고 할 수 있어

요. 많은 선생님들이 이 부분을 해결하지 못하다 보니 교육과정을 재구성하고 융합을 시도한다 해도 배움이 일어나기 힘든 거죠.

더불어 김현섭 소장은 박재경 교사의 강의식 수업의 장점을 인정하면서도 그 비중이 너무 크다고 조언했다. 많은 내용을 짧은 시간에 전달해주고 어려운 내용을 쉽게 풀어주기에는 강의식 수업이 가장 효율적이다. 강의식 수업이 '절대 악'은 아니다. 하지만 강의식 수업의 단점은 분명한데, 그것은 아무리 강의를 잘해도 학생 입장에서는 듣기만 해야 되니까 수동적일 수밖에 없고, 집중할 수 있는 시간이 짧아질 수밖에 없다는 점이다.

— 선생님이 전체 50분 수업 중에 거의 80% 이상을 혼자서 다 풀어간다고 할까. 이야기를 하든 문답을 하든 아이들이 담화할 수 있는 시간은 생각보다 적은 느낌입니다. 그냥 그 수업을 인터넷 강의로 찍어도 크게 문제가 없는 수업. 45분경에 제가 세어보니까 여덟 아이가 잠을 자고 있더라고요. 우선 강의시간을 줄이고, 그 강의를 토막 내서 전반전에 한 토막, 후반전에 한 토막으로 진행하고, 그 사이에 아이들한테 발표를 시킨다든지 개념 설명을 시킨다든지 해서 아이들이 스스로 할 수 있는 시간을 좀 더 주면 좋을 듯합니다.

물론 박재경 교사도 인터넷 강의와 달리 학생들을 직접 대면할 수 있는 교실이라는 공간의 장점을 충분히 살리고 싶다. 학생들과 피드백을 주고받고 상호교류할 수 있는 수업을 추구한다. 그런데 그 구체적인 방법을 찾기가 쉽지 않다. 같은 고민을 먼저 시작하고 꾸준히 연구하며 학생 주도형 수업을 진행해온 장애숙 동도중학교 교사는 선배 교사로서 박재경 교사의 고민에 공감한다. 선배 교사의 조언의 핵심은 '어떻게 하면 많은 내용을 가르칠까'가 아니라 '어떻게 하면 이 내용을 아이들이 찾을 수 있게 할까' '어떻게 하면 이 내용을 아이들 입에서 자발적으로 설명할 수 있게 할까'를 생각하면서 수업을 설계해야 한다는 것이다.

— 선생님이 내용을 딱 설명하면 쉬운데 아이가 찾아내게 하려면 어렵잖아요. 그럼 그 찾아내는 것들을 아이들이 해낼 수 있게 선생님이 전문성을 살려서 발판만 깔아주는 거죠. 자료를 비교한다든지 현상을 보고 탐구할 수 있도록 말이에요. 보통 이런 말씀을 드리면 진도 나가야 하는데, 언제 아이들이 생각해서 찾게 하느냐고들 하세요. 그런데 선생님이 일상에서 전자기파 쓰임을 설명하는 데 15분 걸렸거든요. 아이들하고 하면 이거 한 5분에서 7분에 마쳐요. 아이들이 찾아내서 발표하기 시작하면 훨씬 빨라져요. 처음 한두 달은 조금 느리더라도 뒤로 갈수록 훈련이 되면서 굉장히 빨라지거든요.

장애숙 교사도 이런 방식을 처음부터 깨달은 것은 아니라고 했다. 사범대학에서도 배우지 않은 걸 맨땅에서 해내라는 일이기 때문이다.

— 하기는 하는데 정말 헌신적이어야 되더라고요. 시대적 사명이 교사에게 헌신성을 요구하고 있고 너희들이 무에서 유를 창조하라고 말하고 있어요. 그런데 그런 것들을 먼저 한 선배들이 많이 있으니까 그런 분들의 도움을 받고 또 서로서로 도우면서 집단지성을 발휘해야 할 듯해요.

수업 코칭 이후에 선생님들의 수업은 어떻게 달라졌을까. 강도렬 교사는 영어 수업시간에 아이들과 특별한 역할극을 해보기로 했다.

— 학생 참여형 위주의 수업을 하기로 했잖아요. 그러면 학생 참여형 수업을 하는데 학생이 참여하면 학생도 필요하지만 선생님도 필요해요. 그래서 오늘은 선생님 역할을 할 사람을 네 명 정도 뽑아보겠습니다.

선생님 역할을 맡은 학생들의 주요 미션은 태도가 불량한 학생을 친절히 지도하라는 것이다. 그러나 떠들고 장난치고 좀체 집중해주지 않는 아이들. 아예 엎드려 자는 친구도 있다. 수업을 방해하는 친구들의 모습에 선생님 역할의 학생들은 조금 쓸쓸해지기도 한다.

— 장래희망이 선생님이었는데 다시 한번 생각해봐야 할 것 같아요.

— 선생님이 이렇게 힘든 직업인지 처음 알았어요.

강도렬 교사는 수업에 방해되는 요인인 잠자는 학생을 어떻게 지도할 것인지에 대해 학생들 스스로 규칙을 정할 수 있게 토론을 진행했다. 잠자면 춤추기, 앉았다 일어났다 신체운동하기 등등 엉뚱하면서도 잠을 깨워보겠다는 의지가 엿보이는 다양한 아이디어들이 나왔다. 학생들의 의견을 받아주면서도 선생님은 단호한 규칙도 제시했다.

— 선생님 생각으로는 약간 징벌적인 측면도 있어야 한다고 생각합니다. 쉬는 시간에 단어적기 하겠습니다.

야유하는 아이들. 반갑지 않은 규칙인 듯하다. 강도렬 교사와 학생들이 함께 만든 수업규칙은 첫 번째 '경고하기' 두 번째 '서 있기' 세 번째 '신체운동' 네 번째 '단어적기' 등이다. 이 중에서 이름을 부르는 방법도 있다.

— 학생의 이름을 부르고 깰 때까지 수업을 중단하고 기다리는 거죠. 그러면 학생도 '어? 뭔가 이상하다, 왜 갑자기 아무 소리도 안 들리지? 왜 애들이 조용하지? 나 때문에 수업을 못 하고 계신가? 다

른 친구들이 내가 일어날 때까지 기다리고 있나?' 이런 책임감을 심어주는 방법을 쓰려고 해요.

강도렬, 고등학교 교사

수업규칙을 만든 후 영어 수업을 해보았다. 여전히 아이들은 밀려오는 잠을 애써 참고 있다. 그러나 엎드려 자는 아이는 보이지 않는다. 정 졸음을 견디지 못하겠으면 책을 들고 뒤로 나가 서서 수업을 듣는다. 규칙이 잘 지켜지는 것 같다. 조금이라도 자려는 모습을 보이면 선생님이 다가가 적극적으로 잠을 깨우기도 한다. 절반 가까운 학생이 잠들었던 교실이 변했다. 그러나 수업의 활력은 사라진 것 같다. 아이들은 어떻게 느끼고 있을까.

— 어차피 수업을 어떻게 하든 할 사람은 하고 안 할 사람들은 다 안 하기 때문에. 그런데 자꾸 선생님이 뭘 해볼래? 그러시는데, 원래대로 하면 자는 애들은 쭉 자도 지장 없는데 계속 못 자게 해가지고….

— 옛날에는 재미있는 농담 같은 것도 섞어가면서 수업했는데 요새는 그냥 수업만 하니까 약간 질리는 감이 없지 않아 있어요.

이혁규 교수는 성공의 가능성이 일반화될 수 있는 원칙들을 만들어내고 그것을 참고하는 것이 필요하다고 조언한다.

— 교사 한 분의 노력이나 교사 한 분의 영향력, 교사 한 분의 능력과
역량에 따라서 수업이 상당히 놀랍게 변하는 경우도 당연히 있거
든요. 우리가 그걸 무시하면 안 된다고 생각합니다. 그런 의미에
서 어떤 교실에서 성공하고 있는가에 대해서 우리가 깊게 들여다
봐야 하는 거죠. 그리고 그 성공의 가능성이 일반화될 수 있는 원
칙들을 만들어내는 것이 필요하고요.

쉽게 바뀌지 않을 것 같던 교실의 풍경이 조금씩 달라지는 곳도
있다. 김정수 교사는 특별한 제도를 만들었다. 일명 '칭찬카드'다. 수업에
적극적으로 참여하는 학생들에게 선생님은 칭찬카드를 발급해주고, 칭찬
받은 내용을 생활기록부에도 작성해주기로 했다. 칭찬이 아이들을 변화
시킬 수 있다고 선생님은 믿는다. 자신이 학생들을 야단치고 책망하는 데
는 익숙한데 거꾸로 학생들을 얼마나 격려하고 있느냐 심각하게 반성하
게 된 것이다. 그동안 엎드려 자고 있는 학생들을 흔들어 깨워서 수업에
집중하라고만 했지, 그 학생들 스스로가 수업에 집중하게끔 변화시키려
는 노력은 못 했다는 데서 온 변화다.

— 수업설계를 다시 하려는 부분도 칭찬과 격려를 통해서 학생들이
수업에 집중할 수 있게 하려는 것입니다. 사실 칭찬카드는 몇 년

전부터 생각했는데 엄두를 못 냈던 부분이에요. 처음에는 학교 책임으로 미뤘죠. 학교에서 전체적으로 시행을 해야지 나 혼자 할 부분은 아니라고 생각했는데, 결국은 안 되겠어서 먼저 시행해보고 학기가 끝난 다음에 데이터를 정리해서 공유해보려고 합니다.

김정수 교사의 수업시간. 한 학생의 발표가 끝나자 선생님은 곧장 칭찬카드를 적어준다.

— '농가집성, 산림경제 등 많은 농서가 저술됐다.' 교과서에는 이렇게 딱 한 줄 나와 있는데 실제 현식이는 이 내용을 궁금해하고 자세히 찾아봤습니다. 난 여기에 대단히 큰 칭찬을 해주고 싶고, 생활기록부에 기재를 해주겠습니다.

칭찬카드 하나로 수업이 얼마나 달라질 수 있을까. 아예 칭찬카드 받을 생각을 포기하고 자는 아이들에게는 어떻게 할까.

교사: 끝날 때까지 수업에 집중하면 내가 칭찬카드 발급할게. 알았지?
학생: 네.

수업시간에 자던 아이도 수업태도가 달라지면 칭찬카드를 받을 수 있다. 졸던 학생들이 수업을 열심히 듣고 처음으로 칭찬카드를 써본다. 수업시간 내내 학생들은 한순간도 잠들지 않고 수업에 집중했다.

— 평소에 선생님께 칭찬을 별로 못 들어봤는데, 오늘 처음 들어서 기분이 좋았어요.

— 수업시간에 저희한테 말도 거시고 눈도 마주치려고 하시는 거 보니, 되게 기분 좋았던 것 같아요.

— 어차피 받을 친구들만 받을 거라고 생각했거든요. 근데 선생님께서 친구들마다 기준을 딱 나눠가지고, 평소보다 수업태도가 어느 정도 나아지는 모습이 보이면 칭찬카드를 주는 걸 보고, 저도 원래는 수업태도가 별로 좋은 편은 아니었지만 그것 때문에 많이 좋아진 거 같아요.

칭찬카드가 생긴 후 수업 분위기는 완전히 달라졌다. 선생님의 질문에 적극적으로 대답하는 학생들. 아이들이 수업을 즐기고 있음이 눈빛에서 드러난다. 별것 아닌 듯 보였던 칭찬카드. 하지만 아이들도 이제 칭찬카드의 힘으로 자신이 변화하고 있다는 걸 깨닫고 있다. 선생님도 웃게 되는 행복한 순간이 교실을 바꿀 수 있다.

다시, 공부 다시, 학교

— 저 학생한테는 이런 면을 칭찬해줘야지, 칭찬할 때 어떻게 얘기해
주면서 칭찬할까, 어떤 말로 얘길 해주면 저 학생이 칭찬을 받으
면서도 뿌듯하다는 느낌을 가질 수 있지? 이런 부분에 대해서 생
각하면서 진행한 수업이었기 때문에 저 역시 오늘 가장 많이 학생
들을 생각했던 수업이고, 칭찬하려고 노력하다 보니까 저 역시 행
복해지는 그런 순간이었습니다.

: 교사가 변화하면 아이들도 변화한다

선생님들이 좋은 수업을 만들기 위해 치열하게 노력하고 있다. 시
행착오의 시간들도 버텨냈다. 이 노력이 잠자는 교실을 어떻게 변화시키
고 있을까. 수업 변화를 시도한 지 넉 달이 흘렀다. 이정원 교사의 수업은
어떻게 바뀌었을까. 지난 수업에서 보았던 강의 동영상 대신, 판서를 하
며 선생님이 직접 설명을 하고 있다. 강의를 하면서 학생들에게 자주 질
문도 던진다. 무엇보다 가장 큰 변화는 선생님이 직접 만든 학습지로 문
제풀이를 한다는 것이다. 선생님은 학생들이 수업내용을 반복해서 익힐
수 있도록 돕고 있다. 수업을 왜 들어야 하는지 모르겠다던 학생들도 오늘
은 열심히 문제를 푼다. 선생님의 노력이 아이들에게 통하고 있는 걸까.

— 오늘은 안 자고 마지막 문제까지 다 풀었어요.

— 선생님께서 직접 설명하시고, 설명하시면서도 어조를 바꾸면서 어느 부분이 중요하다는 걸 자주 강조하시니까 좋은 것 같아요.

박재경 교사는 강의만 하던 기존의 수업방식에 변화를 줬다. 학생들이 조별로 실험을 하고 답을 구해볼 수 있도록 했다. 선생님은 직접 시범을 보이며 실험의 의미를 자세히 설명해준다. 실험이 끝나면 학습지 활동을 통해 배운 내용을 점검하도록 했다.

강도렬 교사 수업은 어떻게 달라졌을까. 수업에 열심히 집중하는 아이들이 훨씬 더 많아졌다. 선생님은 점점 더 자주 아이들 곁으로 다가간다. 가까이에서 아이들을 만나니 어떻게 가르쳐야 할지 조금 알 것 같다. 선생님은 아이들 한명 한명과 눈을 맞추며, 함께 수업을 만들어나간다.

— 저는 원래 잠을 많이 잤는데 한~ 번도 안 잤습니다. 진짜 한 번도 안 자고 수업도 잘 듣고 집중도 잘되더라고요. 뭐 해석을 한다든지 영어단어를 외운다거나 그게 잘되고 일단 반 분위기, 수업 분위기 자체가 좋아진 것 같아요.

— 선생님이 진짜 변하고 있으시구나 하는 생각이 들었고, 반 친구들도, 물론 아닌 친구들도 있지만 선생님이 저렇게 노력하시니까 우리도 선생님을 따라가보자 하는 마음에 노력하는 그런 면도 보였어요.

— 친구들이 이제는 조금 참여를 하려는 게 보여요. 왜냐하면 맨날 엎 드려 자던 친구들도 이제는 수업에 적극적으로 참여해주고 발표도 열심히 하고, 그런 식으로 수업 참여를 열심히 하는데 그런 거 생각 하면 많이 발전하고 있다고 생각하고 있어요. 많이 좋아졌죠.

좋은 수업으로 아이들을 깨워보겠다는 선생님들의 치열한 노력 이 교실을 바꾼 프로젝트. 아이들에게 다시 학교가 중요한 의미로 다가오 는 순간은 이렇게 만들어질 수 있다. 이 순간을 교사와 학생 모두가 기다 린다. 지루한 수업을 하는 교사, 공부하기 싫어 잠자는 학생. 이런 이들은 아무도 없다. 그 방법을 찾아내면, 배움의 과정이 달라진다. 혼자 하는 공 부, 학원에서 하는 공부를 넘는 공부가 시작될 수 있다. 초등학교부터 고 등학교까지, 우리는 모두 '학교'를 거친다. 모든 교육 시스템의 핵심은 학 교에서 배움이 활발하게 이루어지는 것이다. 깨어 있는 교실을 만들 때, 교사의 인생과 학생들의 미래가 바뀐다.

— 학생들이 좋아해줄 때 행복해할 때 이럴 때 좀 좋고. 또 이제 수업 에서 학생들이 막 웃고 서로 공부 관련해서 이야기도 하고 의견도 나누고 이런 것들을 보면서 행복합니다.

이정원, 고등학교 교사

— 지금 이 수업에서 "너는 이 역할을 해줘야 돼, 네가 할 것은 이거

야"라고 학생의 역할을 분명히 부여했을 때 아이들은 그것에 대해서 부정하거나 못하겠다고 힘들어하거나 하지 않더라고요. 아이들이 할 수 있는 시간과 공간과 기회의 장을 펼쳐준다면 아이들은 훨씬 더 잘하는구나, 그게 가장 큰 깨달음인 것 같습니다.

박재경, 고등학교 교사

— 힘든 만큼 많이 얻어 가는 것 같더라고요. 아직까지는 완전한 수업 모형, 교사 강도렬이 가지고 있는 독특한 수업방식, 그런 것들이 완전히 개발이 안 됐고 정착이 안 됐어요. 하지만 분명히 조는 학생 없고 학생들 속으로 들어갔고, 그리고 학생들의 이름, 얼굴 보면서 한명 한명 대화를 한다는 거, 그것만 하더라도 전 큰 성과가 아니었나 생각합니다. 근데 아직 가야 할 길은 좀 남은 거 같아요. 조금 남았어요.

강도렬, 고등학교 교사

9 왜 아이들에게는 '학교'가 필요한가

: 교육에서 공간의 중요성

: 움직이는 학교

— 선생님께서 아침에는 독서하라고 하셨는데 저는 독서 안 하고 여기서 놀고 싶어요.

— 친구들이랑 자유롭게 다닐 수 있는 통로가 마음에 들어요.

— 저는 그물막이요. 그 이유는 공간이 넓어서 친구랑 같이 있을 수 있고, 눕는다든지 미끄럼틀처럼 내려간다든지 그럴 수도 있어서 좋아요.

광주 무등초등학교에 새로운 놀이터가 생겼다. 사각형과 동그라미로 이루어진 놀이터에서 아이들은 철봉을 타고, 뛰어놀고, 앉아서 이야기한다. 이곳은 온전히 아이들의 세상이다. 친구들 사이를 미끄러져 내려가고, 친구와 함께 눕고, 경사를 오르면서 아이들은 자신만의 이야기를 만들어간다.

사실 이 놀이터가 생긴 자리에는 얼마 전까지 구령대가 있었다. 구령대는 아무나 들어갈 수 없는 권위주의의 상징이다. 이 '구령대'를 '놀이터'로 바꾸는 일에 아이들과 선생님, 그리고 건축가들이 힘을 합쳤다. 단순히 어른들이 만들어주는 놀이터가 아닌, 아이들이 원하는 놀이터를 만들기 위해 아이들과 함께 몇 번의 워크숍 과정을 거치며 소통했다.

— 구령대는 권력이 중심에 있는 학교 공간 중에 하나였는데, 그 자리가 아이들이 주인공이 되는 아이들의 풍경으로 바뀐 것이죠. 여러 아이들의 서로 다른 이야기들이 같이 합쳐진 풍경을 만드는 것에 초점을 두었는데요. 이 공간에서 아이들이 서로서로 이야기하면서 자기들만의 새로운 놀이방식을 만들어내리라 기대합니다.

지정우, 건축가

어쩌면 어른들에게는 조금 어수선해 보일 수 있는 놀이터 풍경. 하지만 그 속에는 아이들 나름의 질서가 있다. 이 놀이터처럼 학생들도, 교육도 변화하고 있다. 그리고 거기에 맞추어 학교라는 공간도 움직이고 있다.

학교라는 공간을 어떻게 바꿀까. 만약 학교가 삼각형 모양이면 어떨까. 경기도 남양주 동화고등학교에 삼각형 건물이 들어섰다. 5년 전 노후한 건물을 새로 지으면서 삼각형 학교가 탄생한 것이다. 3학년 학생들이 사용하는 이 건물의 계단을 따라 2층으로 올라가면 바로 삼각형의 꼭짓점이다. 길지 않은, 하지만 밝은 복도는 정삼각형의 빗변을 이룬다. 그리고 삼각형 한가운데에는 작은 마당인 '중앙정원'이 있다.

삼각형 건물 1층에는 교무실과 다목적 학습실이 있고, 2층에는 중앙의 정원과 교실이 위치해 있다. 이런 구조가 3층까지 이어지는 이 삼각형 도면을 처음 봤을 때 선생님들 모두가 놀랐다고 한다. 아마도 학교 건물은 직사각형이어야 한다는 고정관념 때문이었을 것이다. 공부에 집중해야 할 고3 학생들에게 활기 넘치는 분위기는 방해가 된다고 느꼈을 것도 같다.

— 어떤 선생님들은 그런 것이 너무 '소란스럽다'라고 표현하고, 어떤 선생님들은 그것 자체가 '활기차다'라고 이야기하는 경우가 있고요. 아이들 같은 경우에는 일단 교실 밖에 나오면 좋은 공간이에요. 그것 자체가 학생들의 동선 등에 피해를 주는 공간은 아닙니다.

한상현, 동화고등학교 교감

혹시 성적이 떨어지지는 않을까. 이런 선생님들의 우려가 틀렸다는 것을 학생들은 성적으로 보여줬다. 삼각형 건물이 생긴 후 5년 동안 성적은 계속 유지되고 있다.

— 학업 스트레스를 풀 기회가 많지 않기 때문에 학교에서라도 이렇게 배드민턴을 치면서 실력도 높이고 성적도 올릴 수 있는 기회가 되는 것 같습니다.

사실 삼각형 건물의 공간에는 건축학적 비밀이 숨어 있다. 교실은 학습 공간에 적합하게 비교적 낮은 층고로 공부에 집중할 수 있게, 정원은 휴식 공간으로 자연채광이 그대로 들어오도록 설계했다. 그러기 위해서 우선 학교는 직사각형이어야 한다는 고정관념을 깨야 했다고 나은중 건축가는 말한다.

— 학교라는 건물이 가지고 있는 기존의 폐쇄적인 환경들이 오히려 열린 환경으로 구성되어야 하는 측면이 있고요. 창의적인 공간은 층고가 아주 높은 공간에서 학생들의 창의성이 발현될 확률이 높고, 오히려 층고가 낮은 아늑한 공간에서는 창의성보다는 집중도를 높일 수 있는 공간이라고 합니다. 삼각형으로 이루어진 공용 부분은 두 개 층으로 상당히 높은 층고를 유지하고 있습니다. 삼각 학교의 교실 공간의 경우는 비교적 낮은 층고로 공용 공간과는 다르게 수업의 집중도를 높일 수 있는 공간으로서 그렇게 계획되어 사용되고 있습니다.

공간이 바뀌자 또 하나의 고정관념이 사라졌다. 학교는 학습만을

다시, 공부 다시, 학교

위한 공간이라는 편견이다. 사실 학교에는 학습하는 시간과 공간만큼 휴식할 수 있는 시간과 공간도 필요하다.

— 복도도 한 방향이면 막혀 있는 것 같고 창문이 별로 없으면 갇혀 있는 기분이 드는데, 창문이 많잖아요 여기는. 그래서 분위기가 자유로워요.

— 교실에서 집중이 안 될 때 복도에서 왔다 갔다 하면 그래도 집중 안 되는 걸 보완해줄 수 있으니까. 교실에서 안 되면 복도에서 하고, 여기서 안 되면 안에서 하고 번갈아가면서 하고 있어요.

그렇다면 삼각형 공간이 학생들의 행동에는 어떤 영향을 미칠까. 스포츠경기에서 선수들의 활동량과 내용을 측정하는 트레킹 시스템을 활용해서 분석해보기로 했다. 우선 삼각형 건물의 구석구석에 카메라를 설치해 하루를 촬영했다. 2학년 학생들이 사용하는 전통적인 공간도 같은 방식으로 촬영한 후 두 결과를 비교했다.

일단 두 공간에서 학생들이 활동하는 비율을 살펴봤다. 삼각형 건물에서는 전체 학생의 69.4%가 활동을 한 것으로 나타났다. 반면 일반 건물에서는 전체 학생의 44.4%만이 활동한 것으로 나타났다. 다음으로는 어떤 활동을 했는지 활동 내용을 살펴봤다. 삼각형 건물에서는 이동하거나 대화를 하는 것 외에도 공부를 하거나 휴식을 하는 등 다양한 활

삼각형 건물
전체 학생의 69.4% 활동 중

일반 건물
전체 학생의 44.4% 활동 중

대화

| 40.1% | 23.2% |

공부

| 14.9% | 9% |

이동

| 11.7% | 11.8% |

휴식·놀이·정리

3.2%

학생 활동 중 내용 비율

동을 한 것으로 나타났다. 반면 일반 건물에서는 이동하거나 대화를 하는 데 그친 것을 알 수 있다.

　　삼각형 건물과 일반 건물에서는 학생들의 활동량도 달랐지만 활동의 내용에서도 차이가 났다. 일반 건물에서는 대화, 이동, 공부의 순서로 활동이 이루어진 반면, 삼각형 건물에서는 공부하는 학생들이 많았다. 또한 휴식이나 놀이, 정리 등 일반 건물에서는 볼 수 없었던 다양한 활동들이 이루어졌다. 늦은 밤까지 삼각형 공간 곳곳에서 공부하는 학생들. 이 학생들에게는 집중할 수 있는 공간도 중요하지만, 숨을 쉴 수 있는 공간도 필요하다.

─　　학교라는 건물이 정말 중요한 것은 모든 사람들이 경험할 수밖에 없는 자기 인생의 많은 시간을 소비하는 공간이기 때문이에요. 특히 인성이 가다듬어지고 배움의 이야기가 이루어지는 어린 시절, 사춘기 시절을 보내야 하는 공간임을 생각하면 그 공간이 가지고 있는 이야기는 건축, 교육 등 여러 가지 관점을 아울러서 만들어야 한다고 생각합니다.

　　　　　　　　　　　　　　　　　　　　　나은중, 건축가

:   공간 감수성으로 교실을 바라보다

학교는 아이들이 가정에서 벗어나 처음 만나는 세상이다. 한국에서 교육을 받은 사람이라면 비슷한 추억과 기억을 가지고 있는 학교. 현관문을 들어서면 교실로 이어지는 직선 복도, 그리고 신발장. 여전한 풍경이다. 아이들이 열고 닫기에는 버거운 교실 철제문과 교실도 바뀌지 않았다.

1960~80년대 폭발적인 인구 증가와 함께 학생 수가 기하급수적으로 늘어나면서 우리 교실에서는 한 반에 60~80명이 빽빽이 앉아 수업을 받았다. 이 콩나물시루 같은 교실 문제를 해결하기 위해서는 최대한 빨리 교실을 증축할 수 있는 표준설계도가 절실했고 학교 증축작업이 효율적으로 이루어져야 했다.

2020년 현재, 한 학급에는 과거의 절반 정도도 안 되는 학생들이 생활하고 있다. 수업방식 또한 교사의 일방적인 전달식 수업이 아니라 협력 학습, 프로젝트 학습 등 다양하게 이루어진다. 반면에 오랫동안 바뀌지 않은 교실 풍경을 보면서 문득 궁금해진다. 교실은 아이들에게 어떤 경험을 주고 있을까. 네모난 교실, 고정된 의자와 책상 속에 아이들을 가두고 있는 건 아닐까. 지금의 교실은 아이들은 가만히 앉혀둔 채 교사들만 바쁘게 움직이게 만든다.

아이들에게는 교실에서 일어나는 모든 상황이 경험이 된다. 아이들이 학교에서 만나는 풍경, 감정, 관계 등은 공간의 영향을 받는다. 그렇다면 교실이라는 공간의 변화가 배움의 변화, 수업의 변화, 교우관계의

다시, 공부 다시, 학교

변화 등을 만들어낼 수 있지 않을까. 이런 변화를 위한 첫 단계로 고인룡 공주대학교 건축학부 교수는 공간 감수성을 가지고 교실을 새롭게 바라보자고 제안한다.

— 교실은 선생님에게 교육의 장소이자 학생들을 만나는 장소이며, 자신의 사무 공간일 수도 있어요. 그런 의미에서 교실을 주어진 대로 사용하는 데 너무나 익숙하고, 다른 분들이 사용하는 것과 똑같이 사용하는 경우도 많죠. 그래서 교실이라고 하는 공간 안에서 그 공간이 어떻게 이루어져 있는지를 다시 한번 살펴보는 게 필요해요. 그 배경은 물리적인 조건이나 크기나 이런 것도 중요하지만, 그 안에서 이루어지는 어떤 교육행위 또는 교사의 삶, 학생들의 삶, 이런 것들이 어떤 구조를 가지고 있느냐 하는 측면에서 새롭게 공간에 대해 일종의 '공간 감수성을 가지고 보자'는 것이죠.

정해진 틀 안에서 살라고 가르치는 공간이 아니라, 깨어 있는 교실, 창의적인 배움, 스스로 활동하는 공부가 이루어지는 공간이 되려면 무엇이 필요할까. 그 답을 찾으려면 아이들이 원하는 공간이 무엇인지부터 알아봐야 하지 않을까.

경기도 남양주 송촌초등학교를 찾아갔다. 공간 감수성의 관점에서 이 학교를 바라본다. 학원을 가거나 과외를 받는 게 쉽지 않은 시골 학교에서는 교실에서 하는 공부가 전부다. 아이들은 수업이 끝나지미지 온

힘을 다해 달린다. 스쿨버스를 놓치면 한참을 걸어서 집에 가야 하기 때문이다. 그런데 학교에 남아 있는 학생들도 적지 않다. 이 아이들에게 학교는 아지트다. 매일 수업이 끝난 후 친구들과 다양한 놀이를 하며 논다.

— 　시골 학교이다 보니 학생들이 방과 후에 갈 곳이 많지 않아요. 그래서 고민하다가 1층 현관 쪽에 '나눔카페'라는 쉼터를 마련해서 학생들이 수업 끝나고 갈 곳이 없을 때 쉴 수 있는 공간을 마련해 놓은 상태예요.

정효준, 초등학교 교사

아이들은 밖에서 노는 게 지겨워지면 쉼터를 찾아 친구들과 장난감 놀이를 한다. 그런데 앉아서 놀 수 있는 마룻바닥과 장난감이 전부다. 아이들을 위한 공간으로는 아쉬움이 남는다. 무엇보다 어둡다는 게 문제로 보인다. 어떻게 바꾸면 좋을까. 고인룡 교수는 새로운 교육방법에 맞는 새로운 공간에 대한 고민이 필요하다고 말한다. 공간이 바뀌면 아이들의 이야기도 달라진다는 것이다.

— 　지금까지 우리에게 학교라는 공간은 어떤 의미에서는 영국의 1800년대 중순에 만들어진 일종의 고안된 장치물인데, 이것이 일본을 거쳐서 우리나라에 들어온 이래로 크게 바뀌지 않은 채 유지되고 있습니다. 새로운 교육의 비전이나 새로운 교육방법이 많이

고민되고 있는 만큼 과거의 틀에서 벗어난 공간이 필요해 보입니다. 우리에게 적합한 학교 구성은 무엇일까? 교실은 또 어떻게 되어야 할까? 더 나아가서 우리에게 적합한 학교라는 곳을 우리가 어떻게 바꿀 수 있을까 고민해봐야 합니다.

:   공간이 바뀌면 행동이 바뀐다

배우고 가르치기에 적합한 학교 공간은 어떤 것일까. 덴마크는 다른 북유럽 국가들처럼 오래전부터 폐쇄적인 학교 공간을 바꿔나가려고 노력해왔다. 학교라는 '공간'이 학생들을 가르친다고 생각하기 때문이다. 덴마크 코펜하겐 남쪽에 위치한 외레스타드 고등학교에서는 획일화된 일자형 복도는 찾아볼 수 없다. 대신 1층부터 5층까지 연결된 나선형 계단이 복도 역할을 한다. 학생들은 이 계단을 오르내리며 친구와 만나고 소통한다.

—   외레스타드 고등학교는 개방적인 분위기예요. 사회성을 키우고 다른 사람들과 교류할 수 있죠. 교내 동아리반 학생들이 여는 다양한 이벤트에 모든 학생들이 참여할 수 있어요. 쉬는 시간에는 과제를 하거나 아래층에서 축구를 하는 등 다양한 활동을 합니다.

나선형 계단의 난간을 미끄럼틀 타듯이 내려오는 학생들. 그러나 주의를 주는 사람은 없다. 열린 공간에서 자유로운 학생들의 모습이 인상적이다. 이 학교의 많은 교실들은 문이나 벽이 없다. 열린 교실에서 수업을 진행하는 교사는 물론 학생들도 주변의 소음에 익숙하다. 학생의 자율성을 키우는 이런 공간에서 학생들은 스스로 집중하는 방법을 찾아야 한다.

— 외레스타드 고등학교에는 많은 강의실이 있고 다양한 교육방법이 있습니다. 개방적인 공간이 많기 때문에 학습에 방해받기도 쉽죠. 그래서 학생 스스로 훈련이 필요해요. 학생들은 주변 환경의 방해를 극복해야 하고 그것은 졸업 후 사회에서도 마찬가지죠. 방해 요소를 잘 처리하면서 공간을 활용한다면 스스로 최고의 성장을 이룰 수 있을 것입니다.

라스 비보르 요르겐센, 외레스타드 고등학교 교감

— 독립적인 인생을 살고 싶기 때문에 닫힌 교실이 아니라 열린 교실에서 공부하기를 좋아해요. 스스로 공부할 동기를 부여하고 독립심을 키우고 싶어서입니다.

— 우리가 이 학교에 다니는 것은 공부하고 사람들과 어울리며 사회성을 키우기 위해서예요. 다른 학교와의 차이점은 개방적인 교육환경을 가지고 있다는 것이죠. 이곳에서는 수업시간에도 교내 전

체를 볼 수 있어요. 다른 반 학생들과도 더욱더 친해지기 쉬워요. 자주 만날 수 있으니까요.

다른 한쪽에서는 우리에게 익숙한 교실 공간을 만날 수 있다. 이 공간에서는 교사의 주도로 수업이 이루어진다. 어떤 공간에서 수업을 들을지는 학생들이 선택할 수 있다.

— 저는 1층의 닫힌 교실에서 공부하는 것을 좋아해요. 우리 학교는 닫힌 교실에서 공부할 수도 있고 열린 공간에서 공부할 수도 있어요. 열린 공간도 좋지만 가끔은 닫힌 교실에서 공부하는 것도 좋아요. 선생님이 안 계신다면 이 학교에 오지 않았을 거예요. 필요할 때 선생님께 가서 여쭤보거나 도움을 받을 수 있어 정말 좋아요. 보통 초·중등학교에 비해 고등학교에 다니면 선생님과 가까워지기 힘들다고 하지만 저는 이 학교에서 선생님과 학생들이 친하다고 느낍니다.

— 열린 교실과 닫힌 교실을 비교하자면 닫힌 교실에서도 다양한 수업을 할 수 있죠. 하지만 만약 선생님이 자습시간을 주시고 수학 과제를 제출해야 하는 상황이라면 소음이 없고 칠판이 갖춰진 닫힌 교실에서 꼭 그 과제를 해야 할 필요는 없어요. 닫힌 교실이 아닌 다른 공간에서 할 수도 있고 라운지처럼 열린 공간에서 편하게

할 수도 있습니다.

학생들은 학교가 정하는 한 가지 형태만을 좋아하지 않는다. 스스로 선택하고 싶어 한다. 공간마다 할 수 있는 것이 다르기 때문이다. 다양한 공간, 다양한 방식의 수업이 존재하는 이유다. 외레스타드 고등학교가 이런 공간을 만든 것은 바로 아이들 한명 한명의 다양성을 존중하기 때문이다. 라스 비보르 요르겐센 외레스타드 교감은 이렇게 말한다.

— 우리 학교의 교육취지는 학생 한명 한명을 뒤처지지 않게 개별적으로 관리하고, 최상의 결과를 얻을 수 있도록 도와주는 것입니다. 전통적인 방식이 아닌 다른 방식으로 교육한다는 것은 모든 학생이 다 이해했는지 교사가 확인해야 한다는 것을 의미하죠. 모든 학생이 교육받은 것에 대해 좋은 결과를 얻을 수 있도록 해야 합니다.

수업 중간중간 학생들이 쉴 수 있게 만들어놓은 원형의 라운지 공간은 이 학교의 상징일 만큼 특색 있다. 이 열린 공간에서 학생들은 빈백에 누워 편안하게 휴식을 취하거나 친구들과 이야기를 나누고 숙제를 하기도 한다.

— 친구들과 이곳에 앉아서 아무것도 하지 않고 편하게 쉬는 것이 좋아요.

다시, 공부 다시, 학교

— 우리는 대부분 이곳에 앉아서 휴식을 즐기지만 과제를 하는 친구들도 있어요.

— 주로 쉬는 시간에 이용하는 곳인데, 서로 대화를 하거나 과제도 하고, 음식을 먹거나 가만히 있어도 되는 곳이죠.

학생들의 자유를 존중하는 공간. 전문가들은 이런 개방적인 분위기가 학교폭력을 예방한다고 말한다. 이 학교를 설계한 샤네트 한센은 학교의 모든 공간은 학생을 위한 것이라고 말한다. 덴마크에서는 학교 공간을 설계할 때 건축가들이 디자인에 참여한다. 학교를 투명한 건물로 지으면 안에서 일어나는 일을 알 수 있다. 또한 시각적인 연결도 일어난다. 안에서도 밖을, 밖에서도 안을 볼 수 있게 해 학생과 선생님들은 교실과 건물 밖에서 일어나는 일을 볼 수 있다. 이런 공간에서는 학생들이 안심할 수 있다. 무엇보다 좋은 햇빛과 밝은 실내 환경이 갖춰지는 것이다.

— '공간이 행동을 만든다'라는 가치를 중요하게 생각합니다. 건물을 사용하는 사람들에게 우리가 무언가 해줄 수 있다는 것은 매우 중요하죠. 그래야 우리가 만든 학교에서 사용자의 활동이 유연하고 공간에 잘 적응할 수 있어요. 그리고 지어진 건물이 그 지역 사회에 영향을 줄 수 있는 것도 중요합니다. 안에서 사용하는 것뿐만 아니라 바깥에 미칠 영향까지 고려해 설계와 건축을 해야 해

요. 건물이 위치한 도시와 지역에도 가치 있게 되는 것이 매우 중요하다고 생각합니다.

샤네트 한센, 건축가

:   내가 바꿀 수 있는 곳에서 주도성이 생겨난다

최근 우리 학교에서도 다양한 변화가 시도되고 있다. 수업혁신이 학교 현장에 자리 잡으면서 그 방향성이 '공간'으로까지 확대되며 공간 자체가 혁신의 큰 화두가 되었다. 그렇다면 19세기형 건물의 한계는 어떻게 극복할 수 있을까. 고인룡 교수는 명사형 교실을 형용사형, 동사형 교실로 새롭게 바라보자고 제안한다.

—   새로운 시각이나 생각을 만들어내려면 흔히 이야기하듯이 무엇인가를 읽어내야 합니다. 그러기 위해서는 명사형으로만 정의된 교실을 그대로 수용하기보다는 조금 다르게 볼 필요가 있어요. 왜냐하면 명사형이 갖고 있는 선입견과 규정이 우리로 하여금 또 다른 의미의 교실을 보지 못하게 할 수 있기 때문이죠. 이를테면 우리는 자신을 소개할 때 '나는 어디 교장이야' '나는 어디 선생이야' 하는 식으로 명사형이 익숙한데요. 만약에 동사형이나 형용사형으로 소개한다면 '나는 철들지 않은 장난꾸러기입니다' 하는

식으로 훨씬 더 다양하고 풍부해질 수가 있겠죠. 마찬가지로 지금까지 교실을 명사형으로만 봤다면, 이제는 그 안에서 어떤 활동이 일어나고 무엇을 하는지에 대한 동사형의 교실, 또는 어떻게 생겼고 어떤 느낌을 받을까 하는 형용사형이나 부사형 교실로 새롭게 바라본다면 교실은 훨씬 더 다양해질 수 있습니다.

그는 또한 교사와 학생 모두 교실이라는 공간을 자기 삶의 공간으로 이해하는 것이 중요하다고 말한다.

— 이제까지 학교 공간은 언제나 남이 지어줬기 때문에 내가 바꿀 수 있다는 생각을 갖기가 쉽지 않아요. 그런데 교실은 스스로 바꾸어 낼 수 있는 공간이라는, 이를테면 '공간 주권'이 실현되는 곳이어야 합니다. 이때 공간 주권은 주어진 공간을 누린다는 공간 소비자로서의 개념뿐만 아니라, 그것을 당당히 바꾸어갈 수 있는 자기 삶이 머무는 장소라고 이해할 필요가 있어요. 교사가 수업목표에 필요하거나 어떤 교육적 목적이 있다면 교실도 자연스럽게 바꿔야 합니다. 교육혁신에서 수업이라는 소프트웨어는 정말 많이 바뀌어나가고 있는 데 반해서 교실이 바뀌지 않으면 그걸 당연하게 바꾸어달라고 요구할 수 있는 당당함이 필요하죠. 또한 학생들에게는 이런 경험을 통해서 얻어낸 배움과 깨달음이 이후 학교 바깥으로 나갔을 때 사회 공간을 바꾸는 힘으로 이어질 수 있다고 봅니다.

삶의 공간으로 이해한다는 것은 '내가 주인'이라는 의식을 갖는 것이다. 내가 그 공간을 바꿀 수 있게 되면, 그 공간에 애착이 생기고, 그곳에서 하는 행동에도 의미를 부여하게 된다. 이것이 바로 학교 공간과 학생들의 배움, 교사들의 가르치는 일이 만나는 지점이다.

그러면 배움의 주체인 학생들이 배움의 공간을 바꾸는 일은 어떻게 일어날 수 있을까. 서울 도봉고등학교를 찾아가보았다. 이 학교에서는 교과 교실제를 운영 중이다. 대학처럼 들어야 할 과목을 학생이 직접 선택해서 듣는 것이다. 그래서 교실을 이동할 때 교과서를 놓고 가져가는 공간인 '홈베이스'가 필요하다. 그런데 기존의 홈베이스에서는 쉬는 시간 10분 안에 100여 명의 학생들이 한꺼번에 몰려들어 사물함에서 다음 수업 교재를 챙겨가다 보니 그 일 자체가 흡사 어려운 미션을 수행하듯 보였다. 학교라는 공간을 바꿀 때 고려해야 하는 것 중 하나가 이렇듯 변화하는 교육제도다. 새로운 '학제 시스템'에 따른 '적합한 공간 형식'의 구현이 필요한 것이다.

도봉고등학교는 학생들에게 홈베이스에 대한 디자인 의견을 받아 '사용자 참여 디자인' 과정을 거쳤다. 설문조사를 실시해 의견을 듣고, 학생들과 함께 워크숍을 진행했다. 그런 과정을 거치면서 사물함과 평상뿐이던 홈베이스 공간은 학생들의 바람을 담은 새로운 공간으로 완성되었다. 넓고 깨끗한 개인 사물함, 밝은 조명 아래에서 공부할 수 있는 학습 공간, 피아노와 쿠션이 놓인 편안한 휴식 공간에 학생들의 표정이 달라졌다.

— 그전에는 '사물함이 있는 곳' 그 이상도 이하도 아니었는데 지금은 그것을 넘어선 활동들을 할 수 있는 공간으로 바뀌었어요.

— 제가 멘티-멘토를 하는데 마침 이곳에 책상도 많이 생겨서 애들이랑 모여서 공부도 배우고 알려주고 싶어요.

10분이라는 짧은 쉬는 시간이지만, 이 공간이 바뀌면서 많은 것이 달라졌다. 누워 휴식을 취하고, 널찍한 사물함 공간에서 수업 준비물을 꺼내면서 친구들과 이야기꽃을 피운다. 전통적인 공간에서는 상상할 수 없었던 모습들이다. 학생들에게 학교가 더 이상 지루하기만한 공간이 아니다. 공간은 학생뿐만 아니라 교사에게도 영향을 미친다. 자연스러운 소통이 이루어지는 것이다.

— 처음에는 아이들이 휴식 공간에 누워 있다가 제가 지나가도 누워서 고개만 끄떡하고 인사를 하는 게 굉장히 어색했어요. 옛날에는 서서 인사를 하던 아이들인데, '어떻게 버릇없이 누워서 고개만 끄떡하냐 좀 아니다' 싶었죠. 그런데 생각을 조금 달리해보니, 아예 못 본 체할 수도 있었는데, 그래도 인사를 한 거잖아요. 진정성이 있는 거죠. 그러니까 너무 형식에 구애받지 말고 있는 그대로 받아들이자고 마음을 바꾸었어요. 그렇게 보니까 아이들이 너무 예쁜 거예요. 그래서 아이들에게 다가가게 되고, 같이 앉아서 이

야기하게 되더라고요. 저는 이 공간이 아이들의 프라이버시가 보호되는 범위 안에서 마음껏 뒹굴고 힐링할 수 있는 공간으로 이용됐으면 해요. 그러다 보면 최근에 문제가 되고 있는 학교폭력, 왕따 문제, 갈등, 이런 것들이 충분히 해결되고 학생들에게 정서적인 안정감도 줄 수 있다고 생각합니다.

박준기, 도봉고등학교 교장

: 평생에 남을 경험이 만들어지는 곳

송촌초등학교를 다시 찾았다. 아이들은 변함없이 수업을 들으며 평범한 일상을 보내는 것처럼 보였다. 그런데 이 학교에 특별한 변화가 생겼다. 아이들이 수업을 마치고 찾아가는 곳은 운동장도 1층 쉼터도 아니다. 도서관을 개조해서 만든 '돌봄 공간'이 새로 생긴 아이들의 아지트다. 이곳은 아이들의 바람을 하나씩 담아서 탄생한 공간이다.

새로운 공간에는 가운데 학습 공간을 중심으로 다락방, 우물가, 층층대 등 아이들이 좋아하는 공간이 많다. 먼저 층층대는 책을 보는 공간이다. 푹신한 계단에 앉아서 풍경을 바라보며 책을 볼 수 있다. 평소에 책보다 노는 것을 좋아했던 아이들이 책과 더 친해진 듯보인다. 바뀐 공간에서 아이들은 숨은 상상력을 발휘한다. 다락방은 여학생들이 가장 좋아하는 공간이다. 혼자 책을 보거나 친구들과 함께 숙제를 한다.

— 책이 바로 앞에 있어서 책을 보면서 좋은 공간을 찜해놓을 수 있어서 좋아요.

— 친구들끼리 여기에서 비밀 얘기 같은 거 하면 더 재밌을 것 같아요.

배움과 놀이가 함께 이루어지는 공간에서 아이들은 잠시도 지루할 틈이 없다. 아이들을 변화시키는 가장 좋은 방법은 공간을 바꾸는 것임을 확인할 수 있다. 실제로 전문가들은 미래의 교육 공간인 학교는 학습 지원이라는 기본적인 역할과 함께 학생들이 서로 교류하고 쉴 수 있는 거실과 같은 역할도 해야 한다고 말한다. 학생 중심의 학교 공간구성을 이야기하는 이재림 한국교원대학교 교수는 이렇게 말한다.

— 안전사고를 이유로 복도에서의 신체활동이 제한되다 보니 학생들은 지루한 교실에서 다음 수업을 기다릴 수밖에 없어요. 이것은 마음껏 뛰어다녀야 할 학생들을 구속한 채 정서적으로 스트레스를 해소할 기회를 박탈하는 공간 구조로 볼 수 있어요. 따라서 다양하게 활동하고 학생들끼리 교류할 수 있고, 또 쉼이 가능한 거실 중심 광장의 공간 구조로 바뀌어야 할 필요가 있어요. 또한 초등학교의 경우 저학년과 고학년의 특성을 반영하여 이에 맞는 눈높이 공간을 조성하는 것이 중요합니다. 실내에서 저학년은 놀이를 중심으로 개인 또는 공동 작업을 할 수 있게 목제 바닥과 온돌

2부 학교에 대해 다시 생각하다

시스템을 도입하는 게 필요하며, 신발을 벗고 생활할 수 있는 바닥 중심 환경이 필요하죠. 고학년은 사회성이 활발한 시기이기 때문에 교실 밖 환경이 좀 더 활동적으로 구성될 필요가 있습니다.

서울 원효초등학교에도 새로운 공간이 생겼다. 아이들이 눕고 놀 수 있는 마루가 생긴 것이다. 이 공간을 설계한 김정임 건축가는 1학년의 특성을 감안하여 바닥 활동에 중점을 두고 각 공간을 구성했다고 말한다.

— 관찰해보니 1학년들은 보통 바닥놀이 같은 걸 많이 하더라고요. 신체를 이용한 수업이라든지 바닥에 누워서 뒹굴고 하는 수업이 제법 많았어요. 그래서 책상을 좀 가볍게 만들어서 바닥 수업을 할 때는 치워놓을 수 있게 하자고 제안했더니, 선생님들이 오히려 밀고 당기는 것도 일인데 책상에 앉아서 하는 수업은 상당히 적으니까 그걸 최소화하자고 말씀하시더라고요. 그 나머지 공간들을 넓혀서 아이들이 앉아서 시청각 자료를 활용한 수업을 한다거나 바닥에서 수업을 할 수 있는 열린 공간으로 남겨두자고 아이디어를 주셨죠.

원효초등학교 교사들의 만족도는 어떨까.

— 이전에는 수업하는 공간은 교실 안에 한정되어 있었고, 복도는 그

냥 지나다니는 공간이었잖아요. 그런데 복도까지 공간을 넓혀서 아이들 놀이 공간으로 사용할 수도 있고, 또 수업 공간으로도 사용할 수 있게 열어놓아서 무궁무진하게 활용할 수 있을 것 같아 가장 마음에 듭니다.

박소영, 초등학교 교사

― 변화된 공간에서 아이들이 공유할 것은 공유하고, 개인적으로 활동할 것은 활동하고, 그러한 구분이 잘되면 학생들이 재밌는 학교생활을 할 수 있고, 수업에도 다양하게 공간을 활용할 수 있을 것 같아요.

김용호, 초등학교 교사

'공유'는 김정임 건축가가 이 공간을 설계하면서 핵심으로 삼은 개념이다.

― 교실이 꼭 닫혀 있어야 하는가 생각해볼 필요가 있는데요. 수업내용을 봐도 군이 그럴 필요가 없는 듯했어요. 그래서 하나의 '러닝존'을 만들어 공유할 수 있게 개폐식으로 교실 문을 만들었죠. 문을 닫으면 개별 수업이 되고, 열어놓으면 함께 배울 수 있는 열린 공간이 되도록 말이에요. '공유'라는 개념은 지금의 아이들이 성인이 되어 살아갈 사회에서도 중요한 화두일 듯해요. 공유라는 건

자기가 개인적으로 가지고 있는 것보다 더 많은 것들을 풍부하게 누릴 수 있는 장점이 있잖아요. 공유의 장점들을 많이 누리는 생활을 어려서부터 해보면 좋지 않을까 하는 고민에서 출발하게 되었습니다.

이런 제안을 드리니까 선생님들 사이에서 재미있는 의견들이 상당히 많이 오갔어요. 실제로 어떤 선생님은 구연동화를 배우러 다니시는데, 예전에는 그 선생님 반 아이들만 구연동화를 들을 수 있었잖아요. 그런데 이제는 합반 수업으로 1학년 다섯 반이 다 같이 모여서 구연동화 수업도 할 수 있게 되었죠. 교사라는 굉장히 큰 인적 자원을 공유할 수 있게 된 것이에요. 공간도 공유하고, 책이나 교재 등 여러 가지 자원들도 공유할 수 있죠. 경계를 허물면서 이런 것들이 가능하게 된 것입니다.

이렇게 공간이 바뀌니 수업도 달라졌다. 1반부터 3반까지 세 개의 교실이 열렸다. 더 이상 쓰지 않는 물건들을 전시해놓고 사고파는 아이들. 아이들이 가게주인이고 손님인 나눔장터다. 이 나눔장터는 '이웃'이라는 단원에 나오는 '이웃과 나눠요'라는 주제로 하는 수업의 하나다. 한 반의 교실에서 따로따로 수업을 하는 게 아니라 열린 공간에서 옆의 반과 함께하는 수업이 가능해진 것이다. 이런 교실, 이런 학교라면 어른들이 "학교에 가라" 하고 말하기도 전에 아이들이 먼저 학교에 오고 싶어 하지 않을까. 새롭게 바뀌는 공간들은 '학교'라는 공간을 새롭게 정의한다.

— 학교라는 곳 자체가 원래 아이들을 위해서 존재하는 공간이라고 생각해요. 아이들이 뭔가를 배울 수도 있지만, 배우고 싶게 만드는 공간이라고도 생각하고요. 이렇게 많은 아이들이 또래를 만날 수 있는 공간은 학교뿐이거든요. 학교에서 뭔가를 배우고 그 교육과정을 따라가야 한다는 게 아니라, 학교라는 공간 자체가 진짜 아이들이 오고 싶고 배우고 싶고 그냥 배움이 저절로 일어나는 공간이 되었으면 좋겠어요.

박소영, 초등학교 교사

수능이 끝난 12월의 어느 날, 삼각형으로 만들어진 동화고등학교 건물에서 작은 공연이 열렸다.

— 안녕하세요. 동화고등학교 방송반 DHBS입니다. 11월 14일에 있었던 수능에 이어 지난주 기말고사까지 모두 끝마친 3학년 선배님들, 이를 함께하신 선생님들 모두 고생 많으셨습니다. 여태까지 힘들었지만 참고 노력해온 선배님들과 선생님들을 위해서 동화고등학교의 자랑, 라온 오케스트라에서 작은 이벤트를 준비했다고 하는데요. 3학년 선배님과 선생님들께서는 지금 복도로 나와 참여해주시면 감사하겠습니다.

1년 동안 고생한 고3 선배들을 위해 1, 2학년 학생들이 몰래 준비한 연주가 삼가형 공간에서 울려 퍼진다. 삼각형 건물이 만든 변화 중 하나는 학생들만의 문화가 생겼다는 것이다. 12년 동안의 학창 시절 중에서 소중한 한순간으로 기억될 풍경이다.

학습은 단지 책상에 앉아 교과서를 보고, 눈을 들어 칠판을 보는 일이 아니다. 학습하고자 하는 동기를 스스로 발견하고, 그 에너지를 친구, 선생님과 나눌 때 배움이 이루어지고 성장한다. 그런 행동을 만들어내기 위한 공간의 역할에 대해서도 더 많이 주목할 필요가 있다.

〈교육대기획—다시, 학교〉 제작진

1부　가르치지 않는 학교
　　　연출 김지원　작가 김해연

2부　교사의 고백: 최태성의 세계학교탐방
　　　연출 김지원　작가 이현자

3부　시험을 시험하다
　　　연출 민정홍　작가 정윤미

4부　최고의 수업
　　　연출 황정원　작가 문정실

5부　창의성의 발견
　　　연출 황정원　작가 문정실

6부　학생다움을 묻는 어른들에게
　　　연출 남정민　작가 정윤미

7부　수학이 불안한 아이들
　　　연출 남정민　작가 김해연

8부　잠자는 교실
　　　연출 민정홍　작가 정윤미

9부　움직이는 학교
　　　연출 남정민　작가 문정실

10부　교과서를 읽지 못하는 아이들
　　　연출 김지원　작가 김해연

참고문헌

1장

- 『아무도 의심하지 않는 일곱 가지 교육 미신』
  데이지 크리스토둘루, 김승호 옮김, 페이퍼로드, 2018.

- 『무엇이 이 나라 학생들을 똑똑하게 만드는가』
  아만다 리플리, 김희정 옮김, 부키, 2014.

- *Why Minimal Guidance During Instruction Does Not Work*
  Paul A. Kirschner, John Sweller & Richard E. Clark,
  Educational Psychologist, 2006.

2장

- 『메타인지 학습법』
  리사 손, 21세기북스, 2019.

- 『교사 수준 교육과정』
  에듀쿠스, 북랩, 2019.

- 『사람은 어떻게 생각하고 배우고 기억하는가』
  제레드 쿠니 호바스, 김나연 옮김, 토네이도, 2020.

3장

- 『헝가리의 수학영재교육에 관한 연구』
  김환, 서강대학교 석사학위논문, 1999.

- 『성적 없는 성적표』
  류태호, 경희대학교 출판문화원, 2018.

- 『왜 나는 늘 불안한 걸까』
  마거릿 위렌버그, 김좌준 옮김, 소울메이트, 2014.

- 『창의력 교육 어떻게 할 것인가』
  앨런 조던 스타코, 이남진 옮김, 한언, 2015.

- 『(행복교육방문단 교육 탐방기) 미래교육 길찾기: 미국편』
  행복교육방문단, 충청북도교육청, 2019.

4장

- 『스탠퍼드 수학공부법』
  조 볼러, 송명진, 박종하 옮김, 와이즈베리, 2017.

- 『교육심리학 용어사전』
  한국교육심리학회, 학지사, 2000.

- 『수학걱정 뛰어넘기』
  Shiela Tobias, 경문사, 2003.

- *The Teaching of Reading: The Development of Literacy in the Early Years of School*
  Jeni Riley, 1996.

5장

- 『생각하지 않는 사람들』
  니콜라스 카, 최지향 옮김, 청림출판, 2020.

- 『다시, 책으로』
  매리언 울프, 전병근 옮김, 어크로스, 2019.

- 『초기 문해력 교육』
  엄훈 등, 우리교육, 2019 겨울호.

- 『학교 속의 문맹자들』
  엄훈, 우리교육, 2012.

6장

- 『교사 교육과정을 DIY하라』
  김현우, 하움출판사, 2020.

- 『아무도 의심하지 않는 일곱 가지 교육 미신』
  데이지 크리스토둘루, 김승호 옮김, 페이퍼로드, 2018.

- 『배우고 생각하고 연결하고』
  박형주, 해나무, 2018.

- 『아이들의 배움은 어떻게 깊어지는가』
  이시이 준지, 방지현, 이창희 옮김, 살림터, 2014.

- *Reclaiming Personalized Learning: A Pedagogy for Restoring Equity and Humanity in Our Classrooms*
  Paul Emerich France, 2019.

7장

- 『왜 학생들은 학교를 좋아하지 않을까?』
  대니얼 T. 윌링햄, 문희경 옮김, 부키, 2011.

8장

- 『최고의 교수법: 가르치는 사람이 반드시 배우고 익혀야 할 것』
  박남기, 쌤앤파커스, 2017.

9장

- 「학생 중심 학교 공간 구성의 방향」
  이재림, 『서울교육』, 서울시교육청교육연구정보원, 2019 여름호.

글작가 **배영하**

다수의 인문 교양서를 바탕으로, 성인 단행본은 물론 초등·유아 도서들을 기획하고 편집했다. 주요 작업에 『명견만리』 시리즈, 생태 정보 그림책 『쌀』, 『콩』, 『고추』를 비롯하여, 네이버 〈우리 시대의 멘토〉 등 국내 주요 인물들의 인터뷰를 바탕으로 한 다수의 프로젝트와 도서들이 있다.

글작가 **이정은**

두산 오리콤 등을 비롯 국내 다양한 기업·기관들과 작업을 진행했다. 또한 각종 교재와 청소년 위인전의 저자로 활동했다. 주요 작업에 『명견만리』 시리즈, 네이버 〈우리 시대의 멘토〉, 그레이트북스 인성 동화 시리즈 등 다수의 프로젝트와 도서가 있다.

다시, 공부
다시, 학교

초판 1쇄 발행	2020년 12월 20일
초판 2쇄 발행	2023년 4월 20일
지은이	EBS 다큐프라임 제작진
펴낸이	김유열
지식콘텐츠센터장	이주희
지식출판부장	박혜숙
지식출판부	기획 · 장효순 최재진 서정희	마케팅 · 최은영	제작 · 윤석원
진행	지와인 출판사
글작가	배영하 이정은
편집	한산규
디자인	지노디자인 이승욱
인쇄	우진코니티
펴낸곳	한국교육방송공사 EBS
출판신고	2001년 1월 8일 제2017-000193호
주소	경기도 일산시 일산동구 한류월드로 281
대표전화	1588-1580
홈페이지	www.ebs.co.kr
ⓒ	한국교육방송공사 EBS, 2020
ISBN	978-89-547-5605-1 03370

• 책값은 뒤표지에 있습니다.
• 잘못된 책은 구입처에서 바꿔 드립니다.
• 이 책은 저작권법에 따라 보호받는 저작물이므로 무단 전재와 무단 복제를 금하며,
  이 책 내용의 전부 또는 일부를 이용하시려면 반드시 저작권자와 출판사의 서면 동의를 받아야 합니다.